Karl-Heinz zur Mühlen

Reformation und Gegenreformation

Teil I

V&R

VANDENHOECK & RUPRECHT

Karl-Heinz zur Mühlen

geb. 16.3.1935 in Bielefeld. Studium der Ev. Theologie in Bethel, Heidelberg und Zürich. Dissertation: „Nos extra nos. Luthers Theologie zwischen Mystik und Scholastik" (BHTh 46, 1972) in Zürich. Habilitation: „Reformatorische Vernunftkritik und neuzeitliches Denken. Dargestellt am Werk M. Luthers und Friedrich Gogartens" (BHTh 59, 1982) in Tübingen. O. Professor für Reformation und neuere Kirchengeschichte in Bonn. Mitdirektor des Ökumenischen Institutes der Ev.-Theol. Fakultät Bonn. Mitherausgeber von ZKG, VF und Lu. Zusammen mit K. Ganzer Herausgeber der „Akten der deutschen Reichsreligionsgespräche im 16. Jahrhundert" an der Mainzer Akademie der Wissenschaften und Literatur. Weitere Veröffentlichungen: M. Luther, Freiheit und Lebensgestaltung. Ausgewählte Texte. Göttingen 1983. – Zusammen mit G. Hammer Hg. der LUTHERIANA: Zum 500. Geburtstag M. Luthers von den Mitarbeitern der Weimarer Ausgabe. Köln/Wien 1984. – Reformatorisches Profil. Studien zum Weg Martin Luthers und der Reformation. Göttingen 1995. – Art. M. Luther II. Theologie. TRE 21, 530–567.

Die Deutsche Bibliothek – CIP-Einheitsaufnahme

Zugänge zur Kirchengesccichte/ hrsg. von Horst F. Rupp. –
Göttingen : Vandenhoeck und Ruprecht
(Kleine Reihe V&R ; …)
Bd. 6. Zur Mühlen, Karl-Heinz: Reformation und Gegenreformation
Teil 1. – (1999)

Zur Mühlen, Karl-Heinz:
Reformation und Gegenreformation/Karl-Heinz zur Mühlen. –
Göttingen : Vandenhoeck und Ruprecht
(Zugänge zur Kirchengeschichte ; Bd. 6)
Teil 1 (1999)
(Kleine Reihe V & R ; 4014)
ISBN 3-525-34014-1

KLEINE REIHE V&R 4014

© 1999, Vandenhoeck & Ruprecht in Göttingen. – Printed in Germany.

Umschlag: Jürgen Kochinke, Holle
Schrift: Concorde regular
Gesamtherstellung: Hubert & Co., Göttingen

Inhalt

Zugänge zur Kirchengeschichte

Herausgegeben von Horst F. Rupp

Band 6, Teil I

Karl V., 1519 zum deutschen Kaiser gekrönt, verhängte 1521 mit dem Wormser Edikt die Reichsacht gegen Martin Luther (vgl. S. 67), war dann zur Sicherung der Habsburgischen Vorherrschaft in Europa bis 1530 außer Landes – die Ausbreitung der Reformation blieb in dieser Zeit vielerorts unbehelligt. (Kupferstich; AGK, Berlin)

Vorwort

Im Rahmen der »Zugänge zur Kirchengeschichte« beabsichtigt diese Darstellung der Epoche von »Reformation und Gegenreformation« einen Einblick zu geben in die grundlegenden historischen Fakten der Entstehung und Bedeutung der Reformation einerseits und der Reaktion der Gegenreformation auf deren Herausforderungen anderseits. Verbunden damit fragt sie nach den theologischen Entdeckungs- und Begründungszusammenhängen von Reformation, katholischer Reform und Gegenreformation im spätmittelalterlichen und frühneuzeitlichen Kontext sowie nach deren kontroverstheologischen Chancen und Grenzen. Insgesamt kommt die Darstellung zu dem Ergebnis, daß dem Bereich »Reformation und Gegenreformation« sowohl in der Profangeschichte als auch der Kirchengeschichte nach wie vor eine epochale Bedeutung zukommt und er nicht nur verschiedene Dominanten innerhalb einer allgemeinen Reformbewegung vom Spätmittelalter zur Neuzeit umfaßt.

Dem Herausgeber der »Zugänge zur Kirchengeschichte«, Herrn Prof. Dr. Horst F. Rupp (Würzburg), möchte ich für die konstruktive Begleitung der Entstehung des vorliegenden Bandes herzlich danken. Ein besonderer Dank gilt auch Frau Helen Siegburg für die sorgfältige Erstellung des Manuskriptes des Bandes.

10. Februar 1999   Karl-Heinz zur Mühlen

Reich, Kirche und Theologie
zu Beginn des 16. Jahrhunderts

Das Heilige Römische Reich deutscher Nation am Anfang des 16. Jahrhunderts

Während es im Spätmittelalter in Frankreich, Spanien und England zu einer Zentralisierung der europäischen Nationalstaaten kam, blieb in Italien und namentlich in Deutschland die Verteilung der politischen Macht territorial strukturiert. Seit der Goldenen Bulle von 1356 war Deutschland ein kurfürstliches Reich, dessen Machtverhältnisse im Spannungsfeld von Kurfürsten und Kaiser geregelt wurden. Die sieben Kurfürsten, die geistlichen von Mainz, Köln und Trier, und die weltlichen von Böhmen, der Pfalz, Sachsen und Brandenburg garantierten die Einheit des Reiches und waren die sieben Säulen des Reiches, »sieben in der Einigkeit des siebenfältigen Geistes strahlende Leuchter«. Sie wählten in Frankfurt den deutschen Kaiser und repräsentierten die Macht in Deutschland, insbesondere wenn der Kaiser außerhalb des deutschen Reiches weilte. Neben den Kurfürsten, zahlreichen kleineren Territorialherren und Rittern stellten die Reichsstädte, die unmittelbar der Herrschaft des Kaisers unterstanden, wesentliche Machtfaktoren im spätmittelalterlichen Deutschland dar. Sie schlossen sich z. T. in überregionalen Bündnissen wie z. B. der Hanse oder dem Schwäbischen Bund zusammen, um ihre Macht gegenüber den Territorialherren zu stärken. Sie waren ein ernstzunehmender Machtfaktor, weil sie Handels- und Wirtschaftszentren in Deutschland darstellten. Ihre wirtschaftliche Macht ließ sie zugleich zu wichtigen Kulturzentren an der Schwelle zur Neuzeit werden. Humanismus und die *Devotio moderna* bestimmten ihre Bildung. Rechtlich garantierten die Reichsstädte ihren Bürgern Sicherheit und Handlungsspielraum, verlangten dafür aber durch ein genossenschaftlich geregeltes Bürgerrecht Steuern und Teilnahme an Wehr- und Kriegsdienst für die Verteidigung der Stadt. Wie die Untertanen dem Lehnsherren so waren die Bürger dem von ihnen gewählten Stadtregiment bzw. dem Rat der Stadt Treue und Huld schuldig. Sie hatten den Nutzen der Stadt zu fördern und Schaden von ihr abzuwenden. In das kirchliche Leben griff der Rat einer spätmittelalterlichen Stadt insofern ein, als er für den äußeren religiösen Frieden zu sorgen hatte. So kam dem Rat der Stadt die Wahrnehmung des weltlichen Ketzerrechtes zu, wenn die Kirche ihm einen nach dem kanonischen Recht verurteilten Ketzer übergab. Folgenreich für die kirchlichen Belange war auch, daß der Rat der Stadt nach dem Treuhänderrecht fromme Stiftungen verwaltete und z. B. aus dem Stiftungsvermögen sog. Prädikanten einstellen konnte, die in den spätmittelalterlichen Kirchen einen neben der Messe bestehenden Wortgottesdienst versahen, ein Sachverhalt, der zahlreichen sog. Stadtreformatoren Eingang in die spätmittelalterlichen Kirchen erlaubte. Im Blick auf die steigende machtpolitische, wirtschaftliche und kulturelle Bedeutung der spätmittelalterlichen Städte konnte es nicht ausbleiben, daß die Verteilung der Macht in Deutschland zwischen Kaiser, Territorialherren und Reichsstädten reformbedürftig war. Ferner zeigte sich, daß das spätmittelalterliche Fehderecht nicht mehr ausreichte, um Interessenkonflikte zwischen verschiedenen Gruppen des Reiches auszugleichen. So forderte als Voraussetzung für einen allgemeinen Krieg gegen die Türken 1471 ein Reichstag zu Regensburg das Fehdeverbot.

Angesichts solcher Reformforderungen gab es inzwischen zahlreiche Vorschläge für einen allgemeinen Landfrieden und für eine Reform des »Heiligen Römischen Reiches deutscher Nation«. So veröffentlichte z. B. Nikolaus von Kues 1433/34 mit seiner Schrift *De concordantia catholica* ein Staat und Kirche umfassendes Reformprogramm. In ihm verband er historisches Recht mit neuen rationalen Ideen, die bekräftigten, daß der Unfriede im Reich auf ständischer Unordnung beruhte. Doch eine Reform sei an die alten und vertrauten Wege gebunden. Z. B. seien Reichstage jährlich zur Verwaltung der Macht im Reich abzuhalten. Reichstage gab es zwar bereits, doch zu wenige. Auch wurden auf ihnen Reformprogramme beraten, ohne zu einer Reichsreform durchzustoßen. Ein anderer Reformvorschlag war die von einem unbekannten Teilnehmer des Konzils von Basel 1438 verfaßte, schließlich Kaiser Sigismund zugeschriebene *Reformatio Sigismundi* oder auch die »Landfriedensordnung« Friedrichs III. von 1442, die auf eine rechtliche Reform des Reiches zielte. Letztere versuchte z. B. das Fehdewesen einzuschränken, das um sich greifende Pfändungswesen rechtlich zu ordnen und Schutzbestimmungen für Orte und bedrohte Personen wie Kaufleute, Bauern, Fuhrleute u. a. zu erlassen. Ein besonderes Reichsaufgebot sollte die Einhaltung solcher Schutzbestimmungen garantieren. Ferner sollten ein Reichsgericht, eine Reichskanzlei und eine Reichskammer zur Koordinierung von Regierungsgeschäften eingerichtet werden. Zu einer wirklichen Reichsreform kam es jedoch erst unter dem Sohn Friedrichs III., unter Kaiser Maximilian I. (1493–1519). Auf den Reichstagen in Worms (1495) und Augsburg (1500) wurden wichtige Entscheidungen für eine Reichsreform getroffen, die auf eine Reorganisation bestehender Institutionen und teilweise auf eine Neueinrichtung derselben zielten.

Dabei entspann sich zwischen den Reichsständen ein intensiver Konflikt um die Regelung der jeweiligen politischen Interessen. Zunächst wurde der Reichstag als Repräsentation der nationalen Machtträger und ihrer Interessen bestätigt und neu organisiert. Der Kaiser sollte den Reichstag jährlich einberufen und durch eine »Proposition« dessen Tagesordnung festlegen. An den Verhandlungen des Reichstages aber war der Kaiser nur indirekt beteiligt. Die eigentlichen Verhandlungen vollzogen sich in drei Kurien, nämlich der Kurfürsten, Fürsten und seit 1489 auch der Reichsstädte, deren Beschlüsse jedoch nur beratenden Charakter hatten. In einem komplizierten Verfahren wurden anschließend die Beschlüsse der drei Kurien vermittelt. Die Ergebnisse solcher Vermittlung bedurften dann der Zustimmung des Kaisers und wurden seit 1497 als sog. »Reichstagsabschiede« verkündigt, die in der Folgezeit zu einer umfassenden Reichsgesetzgebung führten. Für die im 16. Jh. ihren Höhepunkt erreichende Reformation waren sowohl die Reichstage wie die Reichstagsabschiede von erheblicher Bedeutung. Ein weiteres Organ der Konfliktregelung im Reich bildete die neu eingerichtete Institution des Reichskammergerichtes, dem die bisher am kaiserlichen Hof ausgeübte oberste Gerichtsbarkeit übertragen wurde. Damit wurde zugleich die Macht des Kaisers eingeschränkt. Aber auch die Reichsstände mußten Hoheitsrechte an die ihnen übergeordnete Instanz abtreten. Ausgebildete Juristen und ein im Spätmittelalter weiterentwickeltes Römisches Recht bestimmten die Entscheide dieser Institution. Damit war der Weg zu einer einheitlichen Rechtsordnung des Reiches gewiesen, die um so dringlicher wurde, als die territorialen Landfriedensordnungen nicht imstande waren, die problematische Ausweitung des Fehdewesens im 15. Jh. einzudämmen. Der Wormser Reichstag von 1495 verfügte schließlich den »ewigen Landfrieden« für das Reich, doch konnte das Reichskammergericht diesen auch im 16. Jh. nur bedingt gegen das immer noch um sich greifende Fehdewesen durchsetzen. Um 1500 kam schließlich auch noch ein Reichsregiment zustande. Es umfaßte 20 Vertreter unter Vorsitz des Kaisers. Die Mehrheit des Gremiums stellten eindeutig die Kurfürsten, die auf diese Weise die Macht der Zentralgewalt des Kaiser beschneiden wollten. Da jedoch das Reichsregiment, das seinen Sitz in Nürnberg nahm, nicht die genügenden finanziellen Mittel erhielt, die die Durchführung seiner Beschlüsse hätten ermöglichen können, gelang es bereits zu Beginn des 16. Jhs. dem Kaiser, diese Institution matt zu setzen. Das entscheidende Forum der Regelung der zwischen der Zentralgewalt des Kaisers und den Territorialherren umstrittenen Machtfragen blieb die Institution des Reichstages. Sie bestimmte im wesentlichen die politischen Entscheidungen des Reformationszeitalters, so z. B. die sogenannten Wahlkapitulationen, die ein neu gewählter Kaiser vor seiner Wahl unterschreiben mußte und die schon im Vorfeld wichtige Regelungen der Machtfragen im Reich festlegten. So mußte Karl V. vor seiner Wahl zum deutschen Kaiser 1519 eine Wahlkapitulation unterschreiben, die u. a. festlegte, daß das deutsche Reich betreffende Angelegenheiten nur auf deutschem Boden verhandelt und entschieden werden dürften, eine Entscheidung, auf die sich der sächsische Kurfürst Friedrich der Weise berief, als der Fall Luther zur Reichssache wurde. Diese wurde deshalb vor den deutschen Reichsständen in Worms 1521 verhandelt.

Karl V. trug die deutsche Kaiserkrone von 1519–1556 und war der für die Reformationszeit entscheidende Kaiser. Seine ständig mit den deutschen Reichsständen auszuhandelnden Kompromisse waren wichtige Voraussetzungen für die Ausbreitung und Ausprägung der Reformation in Deutschland. Hätte Karl V. in Deutschland eine starke Zentralgewalt innegehabt wie Franz I. in Frankreich (1515–1547) und Heinrich VIII. in England (1509–1547), der Protestantismus hätte sich in den deutschen Territorien nicht so durchsetzen können, wie es dann tatsächlich geschah. Karl V. war ein Sohn Philipps des Schönen von Burgund, der wiederum ein Sohn Maximilians I. von Habsburg und Margaretes von Burgund war. Philipp hatte 1497 Johanna, die Tochter Ferdinands von Aragon und Isabellas von Kastilien geheiratet. Als schließlich Johanna das Erbe von Aragon, Kastilien, Neapel und Sizilien zufiel, zeichnete sich eine Verbindung von spanischer und habsburgischer Macht ab. Als Johanna mehr und mehr dem Wahnsinn verfiel und ihr Gemahl Philipp 1506 starb, hatte ihr Sohn Karl V. das größte dynastische Erbe zu erwarten, das jemals ein abendländischer Herrscher in seiner Hand vereinigt hatte. Da zu diesem Erbe auch die neuen spanischen Besitzungen in Übersee, die »Neuen Indien«, gehörten, bahnte sich ein Reich an, in dem die Sonne nicht untergehen sollte. So kam es, daß Deutschland, in dem Karl V. 1519 die Kaiserkrone erhielt, nur ein Teil seines Reiches und somit auch nur ein Teil seines Interesses war, was wiederum die Macht der Territorialherren und die Ausbreitung der Reformation in Deutschland begünstigte. Hinzu kamen jahrzehntelange Auseinandersetzungen mit Frankreich um habsburgische Besitzungen in Oberitalien und um das burgundische Erbe, die erst durch den Frieden von Crépy 1544 erfolgreich beendet werden konnten. Damit war zugleich eine Stärkung der Zentralgewalt des Kaisers verbunden, die eine wichtige Voraussetzung für den gegenüber der Reformation wieder erstarkenden Katholizismus war. England wurde von dem skrupellosen Renaissancefürsten Heinrich VIII. regiert und stand anfangs auf der Seite Karls V., unterstützte schließlich aber die Ansprüche Frankreichs. Heinrich VIII. hatte Katharina von Aragon, die Witwe seines älteren Bruders und eine Tante Karls V. geheiratet. Da der Papst für diese Ehe einen Dispens gegeben hatte und später nicht bereit war, diese Ehe auf Wunsch Heinrichs VIII. zu scheiden, brach dieser mit Rom und errichtete die anglikanische Staatskirche, verfolgte aber eigentlich noch keine protestantischen Tendenzen. Die Niederlande waren unter Maximilian I. mit Burgund und dem Reich verbunden worden und waren im Gefolge der Reformation bestrebt, ihre Unabhängigkeit von der spanisch-habsburgischen Großmacht zu erreichen. Aber nicht nur die Verteidigung der spanisch-habsburgischen Hegemonie band immer wieder die Kräfte Karls V. in Deutschland, sondern auch die Abwehr der

Türken im Osten der habsburgischen Erblande. 1526 hatte Sultan Suleiman II. (1520–1566) Budapest erobert und stand im Herbst 1529 zum ersten Mal vor den Toren Wiens. Zwar mußte er sich zurückziehen, stellte aber eine ständige Bedrohung Ungarns und Österreichs dar. Karl V. war gegen die Türken auf die finanzielle und militärische Unterstützung auch der deutschen Reichsstände angewiesen und mußte deshalb z. T. mehr Zugeständnisse an diese machen, als ihm lieb war. Das begünstigte wiederum die Ausbreitung der Reformation in Deutschland.

Was schließlich das Stammland der Wittenberger Reformation angeht, so ist festzustellen, daß Sachsen 1485 auf eine Ernestinische und Albertinische Linie aufgeteilt wurde. Die Wettinischen Brüder Ernst und Albrecht hatten bis dahin Sachsen gemeinsam regiert, vollzogen aber 1485 eine Trennung der Herrschaftsgebiete. Ernst erhielt als Kurfürst das Gebiet um Wittenberg und Torgau, einen Landstrich der Mulde um Grimma, Leisnig und Colditz, den Hauptteil von Thüringen zwischen Eisenach und Altenburg, das Westerzgebirge um Zwickau und Schwarzenberg und das Vogtland. Dem jüngeren Bruder Albrecht fiel das Meißnische Land bis hinauf ins Erzgebirge bei Annaberg und ein Gebietsstreifen von Leipzig durch das nördliche Thüringen bis an die Werra zu. Da die Ernestinische Linie die Kurwürde innehatte, wurde ihr Gebiet als Kursachsen bezeichnet. Seine für die kommende Reformation bedeutsamen Kurfürsten waren Friedrich der Weise (1486–1525), Johann der Beständige (1525–1532) und Johann Friedrich der Großmütige (1532–1553). Während sich Kursachsen bereits unter Friedrich dem Weisen der Reformation zuwandte, blieb das Albertinische Herzogtum Sachsen unter Herzog Georg (1500–1539) zunächst noch katholisch und führte erst unter dessen Bruder Heinrich (1539-1541) die Reformation auch ein. Die sächsische Teilung von 1485 hatte auch zur Folge, daß die einzige Universität des Landes, nämlich Leipzig, in das Herzogtum Sachsen fiel, was wiederum Friedrich den Weisen veranlaßte, 1502 eine neue, humanistisch gesinnte Reformuniversität in Wittenberg zu gründen. Ingesamt wurden beide Teile Sachsens durch den Behördenapparat des Kurfürsten bzw. Herzogs gesteuert. Sie hatten keine größeren Städte. Die größte Stadt war Görlitz mit etwas mehr als 9000 Einwohnern. Leipzig dürfte zu dieser Zeit etwa 6500 Einwohner gehabt haben. Zwickau hatte wohl rund 3200 und

Wittenberg ca. 2000 Einwohner. Andere deutsche Städte wie
z. B. Köln, Nürnberg, Straßburg, Hamburg und Lübeck waren damals weitaus größer und stellten ein echtes Machtpotential für die
sich ausbreitende Reformation in Deutschland dar. In Sachsen war
dagegen die Reformation von vornherein politisch gesehen Sache
des Kurfürsten. Wie andere Territorialherren so nutzte auch Friedrich der Weise den gegenüber der Zentralgewalt des Kaisers nicht
unerheblichen politischen Spielraum, um die Reformation zu be-
günstigen.

Kirche, Theologie und Frömmigkeit am Anfang des 16. Jahrhunderts

Mit dem Ruf nach einer Reichsreform ging der nach einer Reform
der Kirche an Haupt und Gliedern einher. Seit den großen Reform-
konzilien des 15. Jhs., d. h. des Konzils von Pisa (1409), des Konzils
von Konstanz (1414–1418), das das abendländische Schisma von
1378–1415 beendete und die Autorität des im Hl. Geist versammelten Konzils über die Autorität des Papstes stellte und ein umfangrei-
ches Reformprogramm aufstellte, obwohl es gleichzeitig die kirchen-
kritischen Ideen John Wyclifs (1320–1384) verdammte und Johannes Hus (1369–1415) verbrannte, und des Konzils von Basel (1431–
1449), das die Reformideen des Konziliarismus fortsetzte und mit der
Anerkennung der Prager Kompaktaten 1433 sogar auf die Reformideen eines gemäßigten Hussitismus, nämlich die freie Predigt, die
Forderung des Laienkelchs, weitgehender Verzicht auf weltlichen
Besitz der Kirche und Bestrafung von Todsünden, einging, war der
Ruf nach einem allgemeinen freien Konzil zur Überwindung der
Mißstände in der Kirche nicht verklungen. Dennoch hatte sich in
der 2. Hälfte des 15. Jhs. das Papsttum wieder gegen den Konziliarismus durchgesetzt. 1449 beschloß das Konzil von Basel seine Selbst-
auflösung. Papst Eugen IV. (1431–1447) versprach dem Nachfolger
des deutschen König Sigismund, Friedrich III. die Kaiserkrönung in
Rom und konnte so die Zentralgewalt des Reiches immer mehr auf
seine Seite ziehen. Sein Nachfolger Papst Nikolaus V. (1447–1455)
schloß mit Friedrich III. das Wiener Konkordat und erreichte damit
eine weitere Abschwächung der Reformbeschlüsse von Basel.

Schließlich erklärte Papst Pius II. 1492 den Konziliarismus und das Konstanzer Konzil für einen fluchwürdigen und in früheren Zeit unerhörten Frevel. Dennoch nutzte das wiedererstarkte Papsttum der 2. Hälfte des 15. Jhs. seine Macht nicht zu einer geistlichen Erneuerung der Kirche, ganz zu schweigen von den Renaissancepäpsten an der Schwelle zum 16. Jh. Alexander VI. (1492–1503), Julius II. (1503–1513) und Leo X. (1513–1521), die das Gefühl für die Aufgaben und die Verantwortung eines obersten Hirten der Christenheit und eine diesem entsprechende Lebensweise vermissen ließen. Leo X. zog in einer großen Sakramentsprozession in die Stadt Rom ein, in der er sich und seinen Hof zur Schau stellte. Ein Transparent verkündigte: Einst herrschte Venus (unter Alexander VI.), dann Mars (unter Julius II.) und nun führt Pallas Athene das Zepter. Künstler und Humanisten feierten den neuen Papst als ihren Gönner und Mäzen und priesen die Weltlichkeit und Sorglosigkeit seines Hofes. 1517 tagte dann zwar noch das 5. Laterankonzil, aber es war fest in der Hand des Papstes und seiner Interessen. Leos X. Nachfolger Hadrian VI. (1522–1523) beschrieb die Verweltlichung des Renaissancepapsttums zu Beginn des 16. Jhs. mit den Worten: »So sehr ist das Laster selbstverständlich geworden, daß die damit Befleckten den Gestank der Sünde nicht mehr merken.«

Nicht besser als mit dem Papsttum an der Wende zum 16. Jh. stand es mit dem hohen und niederen Klerus. Z. T. war das Konkubinat der Priester so weit verbreitet, daß die Pfarrkinder kaum noch Anstoß daran nahmen. Ja die Kirche lief Gefahr, zu einem wirtschaftlich nützlichen Instrument der Kleriker zu werden. Fromme Stiftungen ermöglichten die Bestellung von Altaristen, die für das Seelenheil verstorbener Stifter sog. Stillmessen lasen. Solche Altaristen hatten oft ohne Theologiestudium die Priesterweihe empfangen und konnten weithin nur die Messe lesen und zelebrieren, waren aber im wesentlichen keine Seelsorger für die Gemeinden. Es entstand so eine Art Priesterproletariat, das zum schlechten Ruf der Kirche beitrug. Prägten sie auch nicht die Sonntagsmessen der Pfarreien, so zeigt sich bei ihnen doch ein wesentlicher Mißstand der spätmittelalterlichen Kirche. Dennoch kam es immer wieder vor, daß Inhaber einer pfarrherrlichen Pfründe sich durch schlecht bezahlte Altaristen vertreten ließen. Was die Stillmessen an den vielen Seitenaltären in den spätmittelalterlichen Kirchen anging, so widersprachen sie durch den Ausschluß der kommunizierenden Gemeinde dem Wesen der Eucharistie. Der wirtschaftliche Mißbrauch der Kirche zeigte sich auch darin, daß zum Schaden der Seelsorge Bistümer oder andere kirchliche Bereiche in einer Hand vereinigt werden konnten. So besaß noch 1556 der Kardinal Alessandro Farnese, ein Enkel Pauls III., 10 Bistümer, 26 Klöster und andere Benefizien. In den Niederlanden z. B. schätzt man die Zahl der Vertreter von Kanonikern, Kurialbeamten, Universitätsprofessoren oder Klosterinsassen auf ca. ein Drittel. Negativ wirkte sich namentlich in Deutschland auch die Tatsache aus, daß Bischofsitze und Abteien nur Mitgliedern des Adels offenstanden. Sie wurden so zu Versorgungsinstituten nachgeborener adeliger Kinder, die aber nicht in erster Linie Seelsorge übten noch ein geistliches Leben führten.

Je weniger schließlich zu Beginn des 16. Jhs. die spätmittelalterliche Kirche ihre seelsorgerlichen Aufgaben wahrnahm, um so mehr erregte der kuriale Fiskalismus Ärgernis.

Mit einem ausgeklügelten System von Gebühren, Steuern, mehr oder weniger freiwilligen Spenden und schließlich mit Ablaßgeldern bemühte man sich die immer wieder leeren Kassen der Kirche zu füllen. So erhob die Kurie in Rom z. B. von jedem neu bestätigten Bischof und Abt sog. Annaten, d. h. die Hälfte des ersten Jahreseinkommens aus der neu erhaltenen Pfründe. Eine nicht besetzte Pfründe war ferner mit den päpstlichen Monaten besetzt, d. h. die Erträge von 6 Monaten im Jahr fielen Rom zu. Bezahlen mußten die Bischöfe auch für das ihnen vom Papst verliehene Pallium, ein Schulterband, das ihre Würde versinnbildlichte. Weiterhin konnte die Vergabe höherer Pfründen von der sog. *reservatio pectoralis* des Papstes abhängig sein, die dem Papst als ein genereller geistlicher Vorbehalt erlaubte, eine bereits einem Bewerber zugesprochene Pfründe unter Hinweis auf die verborgene Meinung des Papstes einem anderen Bewerber zuzusprechen, der mehr bezahlte. In Rom gab es ein sog. Datarhaus, das zur Bewilligung und zum Verkauf päpstlicher Dispense, Gnadenbriefe, Sonderrechte und Vergünstigungen eingerichtet war. Ferner füllten Beicht-, Butter- und Ablaßbriefe die päpstlichen Kassen.

Alle diese Forderungen des päpstlichen Fiskalismus hatten eine große Unzufriedenheit mit Rom zur Folge. Ein Jahrhundert lang rief man nach einer Reform der Kirche an Haupt und Gliedern, wurde aber immer wieder enttäuscht. Schon 1456 wurden zum ersten Mal die *Gravamina germanicae nationis* vom Mainzer Erzbischof Dietrich von Erbach vorgetragen. Sie wurden seitdem auf den Reichstagen immer neu vorgebracht. Namentlich das Ablaßwesen hatte sich zu einer großen Last gesteigert und bedurfte einer theologischen Klärung. Die mittelalterliche Kirche hatte seit dem 13. Jh. ein umfassendes Ablaßwesen entwickelt und lehrte, daß der Gläubige, der in der Beichte seine Sünden bekannte, zwar die Absolution, d.h. die Lossprechung von seinen Sünden durch den Priester empfing, seinerseits aber eine der Gnade entsprechende Bußleistung für ihm von Gott auferlegte und von der Kirche festgestellte zeitliche Sündenstrafen erbringen mußte. Da diese Bußleistungen aber kaum zur Lebenszeit abzuleisten waren und postmortal bis ins Fegefeuer dauerten, wurde die Möglichkeit eröffnet, aus dem Schatz der überschüssigen Werke Christi und der Heiligen gegen finanzielles Entgelt eine speziell dosierte Befreiung von solchen Bußleistungen zu erreichen. In der Praxis der Ablaßprediger erhielten die Menschen dabei oft größere Zusagen, als nach der Theorie erlaubt war, einer Theorie, die zudem nicht genügend theologisch geklärt und von der Ablaßpraxis faktisch überrollt war.

Neben solche mehr äußeren Mißstände der spätmittelalterlichen Kirche traten Unsicherheiten und Unklarheiten in der theologischen Lehre, die die Menschen des 16. Jhs. verunsicherten und von ihnen mehr forderten, als sie leisten konnten, bzw. sie trotz sakramentaler Gnadenhilfen einer religiösen Gerichtsangst auslieferten, die sie ihres Heils nicht mehr gewiß werden ließ. Hinzu kamen von der Renaissance an der Epochenschwelle zur Neuzeit ausgehende Bestrebungen, die auf eine innere Überzeugung von der religiösen Wahrheit drängten und mit deren Bewältigung sich die Kirche schwer tat. Gleichzeitig enthielten Theologie und Frömmigkeit aber auch schon wesentliche Impulse, die auf eine Reform der Kirche zielten, aber noch nicht zum Durchbruch gekommen waren. So beinhaltete abgesehen vom Konziliarismus des 15. Jhs. der sich auf die christliche Antike und namentlich auf die Bibel zurückbesinnende Humanismus, oft gepaart mit der auf religiöse Verinnerlichung zielenden Frömmigkeit der *Devotio moderna*, Elemente, die in der kommenden Reformation voll zum Tragen kamen.

Die Zeit der großen theologischen Systeme war im Spätmittelalter vorüber. Die aus der nominalistischen Theologie hervorgehende *via moderna* favorisierte die Erfahrung bzw. die individuelle Realität des Seienden, so daß man sich Gottes nicht mehr durch einen idealen Kosmos von Ideen, der sich in der menschlichen Vernunft nur abbildete, versichern konnte. Die menschliche Vernunft war zwar weiterhin auf die Frage nach dem Grund aller Dinge ausgerichtet, hatte aber ihre Grenze an der Erfahrung, deren Gesetze sie intramental zu erfassen versuchte. Dabei war sie immer wieder bereit, ihre Konzeptionen an der Erfahrung zu überprüfen und durch bessere zu ersetzen. Für die Theologie bedeutete das, daß sie an die Erfahrung gewiesen war, in der sich Gott selbst dem Menschen erschlossen hatte und d.h. an das Wort Gottes bzw. die Offenbarung Gottes. In diesen erkenntnistheoretischen Überlegungen war begründet, daß man für das Heil auf das Wort Gottes hörte, für die Gestaltung der Welt dagegen auf die Vernunft. In diesem Zusammenhang repräsentierte der Tübinger Theologe Gabriel Biel mit seinem *Collectorium ex occamo circa quattuor libros Sententiarum*, d.h. mit seinem Kommentar zu den Sentenzen des Petrus Lombardus, um 1501 eine Spätgestalt der scholastischen Theologie. Wies er mit der *via moderna* erkenntnistheoretisch in die Zukunft, so stellte er in der Gnadenlehre gegenüber der Hochscholastik etwa eines Thomas von Aquin doch einen Rückschritt dar, insofern er den natürlichen Möglichkeiten des Menschen für den Erwerb der Gnade zu viel Raum gab. Mit seiner These, daß Gott demjenigen seine heiligmachende Gnade nicht vorenthalte, der tue, was in ihm ist (*facienti quod in se est, Deus non denegat gratiam*), bzw. in seinem Willen mit dem in seiner Vernunft repräsentierten göttlichen Gesetz übereinstimme, schränkte er die Entfremdung des Menschen von Gott durch die Sünde stark ein und entging letztlich nicht dem Pelagianismusverdacht, wenn er einräumte, daß eine so durch die heiligmachende Gnade erreichte Würdigkeit des Menschen vor Gott zusätzlich einer besonderen *acceptatio Dei* bedürfe, um das ewige Leben als Lohn für seine Verdienste zu erhalten. Besonders problematisch aber war, daß die mit dem *facere quod in se est* gegebene natürliche Disposition auf den Gnadenempfang besonders für sensible und gewissenhafte Zeitgenossen die Unsicherheit implizierte, ob der Mensch durch seine sittliche Anstrengung wirklich dem entsprochen hatte, was das Gesetz Gottes von ihm forderte. Abgesehen davon, daß auch die erlangte heiligmachende Gnade nur zu einer vermutungsweisen Gewißheit des eschatologischen Heils führte *(certitudo coniecturalis)*. An dieser Stelle traf sich Biel auch mit Thomas, der jedoch im Unterschied zu Biel das *facere quod in se est* und damit die natürliche Möglichkeit, die heiligmachende Gnade zu verdienen, ablehnte. Das Geschenk der Gnade verdankte sich bei Thomas allein der Gnade selbst, die in Gestalt einer zuvorkommenden Gnadenhilfe *(gratia praeveniens)* den Menschen auf den Gnadenempfang von sich aus vorbereitete.

Außer seinem Kommentar zum Sentenzenwerk des Petrus Lombardus verfaßte Biel eine Auslegung des Meßkanons die sog. *Expositio canonis missae*. Sie behandelte alle in der Meßliturgie berührten theologischen und moralischen Fragen, ohne jedoch den Boden des spätmittelalterlichen Meßverständnisses zu verlassen. In seiner Schrift *Defensorium oboedientiae apostolicae ad Papam Pium II* hatte sich Biel 1462 bereits für den Papalismus gegen den Konziliarismus entschieden. In seinen zahlreichen Predigten wirkte schließlich die im 14. Jh. in den Niederlanden entstandene Frömmigkeit der *Devotio moderna* nach und kompensierte in der innerlichen Erfahrung des frommen Herzens, was Biel sich erkenntnistheoretisch im Blick auf die äußere Erfahrung versagen mußte. Seit 1468 gehörte er der die *Devotio moderna* verbreitenden Bewegung der Brüder vom gemeinsamen Leben an und wurde 1479 selbst Propst des Bruderhauses im schwäbischen Urach nahe Tübingen, an dessen 1477 gegründeter Universität er seit 1484 als Theologieprofessor wirkte.

Wie bei Biel so bestimmte die *Devotio moderna* weitgehend die Frömmigkeit an der Schwelle zum 16. Jh. Sie wurde 1381 in niederländischen Deventer von Geert Groote (gest. 1384) gegründet. Ziel dieser neuen Bewegung war die Erneuerung des menschlichen Willens zu einem Gott entsprechenden tugendhaften Leben in der Nachfolge Christi. In der Nachfolge Christi vollendet sich die christliche Tugend der Demut *(humilitas)*, die Christus nachfolgt und zur Reinigung des Willens von allen verkehrten Affekten führt. Während der innere Mensch durch die Betrachtung der Leiden Christi in seinem Willen bzw. seinem innersten geistlichen Streben, dem *affectus spiritualis*, gereinigt wird, gelangt der äußere Mensch in seinen Werken zu einem tugendhaften Leben als Frucht oder Effekt der

Meditation der Leiden Christi. Diese Gedanken finden sich sowohl in der *Vita Christi* des Ludolf von Sachsen als auch in dem weitverbreiteten Frömmigkeitsbuch am Ende des 15. Jhs., dem *Rosetum* des Johannes Mauburnus. Dieser sieht einen Fortschritt der Frömmigkeit darin, daß alle Affekte geordnet und in Tugenden ohne Auflehnung gegen Gott geformt werden, und die Vollkommenheit derselben darin, mit Gott eins zu sein durch die Liebe im Geist, daß dieser nunmehr Gott und nichts anderes wollen kann. Die Reinigung der Affekte bzw. des Willens vollzieht sich in der Meditation der Passion Christi aber auch in der täglichen Schriftmeditation, z. B. mit Hilfe sog. *Collationes*, d. h. meditativer Textauslegungen und Gespräche über Bibeltexte, die für das eigene Haus und für Auswärtige, z. B. für Schüler der von den Brüdern vom gemeinsamen Leben unterhaltenen Lateinschulen oder für die Bürger der Stadt gehalten wurden.

War die monastische und mystische Theologie im Grunde eine elitäre Frömmigkeit kleiner Gruppen, d. h. namentlich der streng regulierten Mönchsorden, so wirkte die *Devotio moderna* nach außen in die Kreise der Laien hinein. Wir haben hier eine der aufkommenden Stadtkultur des Spätmittelalters entsprechende Frömmigkeit, deren Kern die Brüder vom gemeinsamen Leben bilden, eine Frömmigkeit, die sich in konzentrischen Kreisen über die *Collationes* in die spätmittelalterliche Stadtkultur ausbreitete. Namentlich Handwerker und sonstige Gewerbetreibende wurden von dieser Bewegung erfaßt. Neben dem *Rosetum* des Johannes Mauburnus war das meistgelesene Frömmigkeitsbuch der *Devotio moderna* die *Imitatio Christi* des Thomas von Kempen (gest. 1471). In ihr hat Thomas von Kempen in vier Büchern die Frömmigkeit der *Devotio moderna* beschrieben. Sie enthält eine Fülle von Meditationen der Passion Christi, die den Frommen einladen und affektiv reinigen zur Nachfolge Christi im alltäglichen Leben. So heißt es in Buch 1 Kap. 1 der *Imitatio Christi*:

Wer mir nachfolgt, der wandelt nicht in der Finsternis, spricht der Herr (Joh 8,12). Dies sind Worte aus dem Munde Christi, die uns mahnen, seinem Leben und Verhalten treu nachzuleben, wenn wir von aller Blindheit des Herzens geheilt und von dem wahren Licht erleuchtet werden wollen. Wir sollen also unsere höchste Aufgabe darin sehen, das Leben Jesu Chri-

sti zu erforschen. Die Lehre Christi übertrifft alles, was die Heiligen gelehrt haben, und wer den Geist Christi hätte, der müßte ein verborgenes Himmelsbrot darin finden. Da geschieht es aber, daß viele das Evangelium oft hören und dabei fast ohne Hunger und Durst nach diesem Brote des Lebens bleiben, weil ihnen die Hauptsache, der Geist Christi, fehlt. Wer die Lehre Christi in ihrer Fülle kennenlernen und schmecken will, der muß mit allem Ernst danach streben, daß sein ganzes Leben ein zweites Leben Jesu werde.

Dieses zweite Leben Jesu in uns wird aber erreicht in der Nachfolge Christi bzw. in der Meditation des Kreuzes Christi. Wie Christus am Kreuz sich von allem Verhaftetsein an die Welt lösen mußte und sich selbst vollkommen der ewigen, unvergänglichen und allein beständigen Liebe Gottes auslieferte und ihre Macht in der Auferstehung erfuhr, so muß auch der Devote sich von aller Liebe zu den Kreaturen lösen, in sich selbst ganz leer werden und die Ankunft des göttlichen Lebens der Gnade in sich erwarten. Das geschieht in der Demut, d. h. der *humilitas*, die allen geistlichen Hochmut, die *superbia* in uns ausschließt, und sich radikal der von außen kommenden Gnade und Liebe öffnet. Diese Demut, die sich allein auf die Liebe Gottes gründet, wird zur Wurzel aller Tugenden, da sie diese zur Ehre Gottes rein ausübt und nicht mehr in sündigem Selbstruhm mißbraucht und den Menschen ein gutes Gewissen vor Gott verschafft. Diese Frömmigkeit wird von Thomas von Kempen in den vier Büchern der *Imitatio Christi* reflektiert, die zahlreiche Meditationen und Lesefrüchte sammeln, die Thomas als Mönch des Klosters Agnetenberg bei Zwolle beim Abschreiben erbaulicher Literatur des Mittelalters in seine geistliche Meditation einfließen ließ. Im einzelnen verbreitete sich die *Devotio moderna* und die sie tragenden Brüderhäuser von den Niederlanden aus in das westfälisch-rheinische und niedersächsisch-hessische Gebiet und schließlich den Rhein hinauf bis nach Oberdeutschland. Zu dem Schrifttum der *Devotio moderna* sind auch die beiden Schriften Zerbolts von Zytphen *De spiritualibus ascensionibus* und *De reformatione animae* zu nennen, die u. a. Martin Luther beeinflußten. Die *Devotio moderna* zielte auf eine Kirchenreform durch Reform der Frömmigkeit.

Besonders deutlich wird dies in der zweiten Hälfte des 15. Jhs. bei Johannes von Wesel (1425–1481). Er schrieb Kommentare zu den

Sentenzen des Petrus Lombardus auf der Linie der *via moderna* und zur Physik des Aristoteles, wobei er mit den Humanisten zwischen der Meinung des historischen Aristoteles und dessen Wirkungsgeschichte in der Hochscholastik unterschied. In Fragen der Naturerkenntnis sei dem großen Heiden zu folgen, in Glaubensdingen dagegen der Hl. Schrift. Er verfaßt ferner eine Reihe von praktisch-theologischen Schriften, in denen er es an kritischen Äußerungen zur Kirchenreform nicht fehlen läßt. Im Anschluß an Ockham betonte er die Gesichtspunkte der Souveränität Gottes und der Freiheit des Menschen und kritisierte von ihnen aus die positive Gesetzgebung der Kirche. In der Gnadenlehre argumentierte er wie Ockham und Biel: Gott verweigert dem nicht seine Gnade, der tut was in ihm ist. Vorreformatorisch ist auch seine Ablaßkritik. Johannes von Wesel lehnte den Ablaß ab, weil die zeitlichen Sündenstrafen wie Krankheit, Alter, Tod und vor allem die Leiden des Fegefeuers erduldet werden müssen. Auch verfüge nicht die Kirche, sondern Gott allein über die Verdienste der Heiligen. Gott allein sei auch die Festsetzung der zeitlichen Sündenstrafen zu überlassen. Die Schlüsselgewalt der Kirche beziehe sich nur auf die Sündenschuld. Wenn es in der mittelalterlichen Kirche zur Einrichtung des Ablaßinstitutes gekommen sei, so lasse sich daraus nicht einfach dessen Berechtigung ableiten, denn sie wie auch die Konzilien könnten irren. Nur die in der empirischen Kirche verborgene universale Kirche Christi sei heilig und unbefleckt. Nach Mt 28,20 sei Christus selbst leitend bei seiner Kirche. Er habe allein die Schlüsselgewalt und bedürfe keines irdischen Statthalters. Der Papst, sofern er nötig sei, führe nur die Befehle Christi aus und habe zum Aufbau der empirischen Kirche nur eine Legitimation im Sinne positiven Rechtes, das selbst an der Hl. Schrift zu messen sei. Da Johannes von Wesel seine Kirchenkritik nicht nur unter Gelehrten diskutierte, sondern sie auch auf der Kanzel unter das Volk trug, wurde er 1477 als Domprediger und Kanonikus in Worms abgesetzt und mußte sich 1479 vor einem Inquisitionstribunal, das aus Professoren der Universitäten Heidelberg, Köln und Mainz sowie aus Mitgliedern des Mainzer Domkapitels bestand, verantworten. Er wurde zur Klosterhaft bei den Mainzer Augustinern verurteilt, in der er 1491 starb.

Ein weiterer vorreformatorischer Vertreter der *Devotio moderna* ist Johannes Pupper von Goch. Gegen eine institutionell verfestigte

Kirche betonte er das freie Wirken des göttlichen Geistes in der Frömmigkeit des Menschen. Diese und die Tradition der Kirche hätten ihr Kriterium an der Hl. Schrift. Allein der kanonischen Schrift komme Glaube ohne Zweifel und Autorität ohne Widerspruch zu. Die Schriften der alten Väter hätten Autorität, soweit sie der kanonischen Wahrheit gleichförmig wären, diejenigen moderner Lehrer, besonders aus den Bettelorden, dienten mehr dem leeren Schein als der Wahrheit. Bezeugt werde diese Autorität der Schrift durch die Kirche, von der für ihn der augustinische Satz gelte, daß er dem Evangelium nicht glauben würde, wenn die Kirche ihn nicht dazu bewegt hätte.

Ähnliche Gedanken zeigen sich auch bei Wessel Gansfort (1419–1489). Er äußert sich kritisch zur Autorität von Papst und Konzil, zum Ablaß und zur Schlüsselgewalt der Kirche. Verbindlich ist auch für ihn allein die Autorität der Hl. Schrift. Die Tradition interpretiert nur den Kanon der Schrift; auch die Kirche muß sich an der Hl. Schrift messen, denn wir glauben mit der Kirche, nicht an die Kirche. Doch formuliert er mit solchen Aussagen noch Grenzmöglichkeiten der spätmittelalterlichen Theologie, in der die Ekklesiologie noch nicht dogmatisch festgelegt war. In seinen Traktaten *De oratione*, *Scala meditationis*, *De magnitudine Dominicae Passionis* und *De sacramento Eucharistiae* geht es ihm um charakteristische Inhalte der *Devotio moderna*, um die Begegnung mit dem gekreuzigten Christus in dem von Gott geschenkten Glauben. Dieser Glaube empfängt auch in Wahrheit Christus in der Eucharistie und macht die richtige Disposition auf den Sakramentsempfang aus. Martin Luther lernte später Wessel Gansfort schätzen, da dieser Gedanken formulierte, die seiner eigenen Rechtfertigungsanschauung nahekamen. 1522 gab Luther eine kleine Sammlung von Schriften Wessel Gansforts, die sog. *Farrago rerum theologicarum,* heraus und bemerkte in der Vorrede, böswillige Leute könnten meinen, er habe alles aus Wessel Gansfort übernommen (WA 10II, 317). So zeigen sich am Anfang des 16. Jhs. in der *Devotio moderna* Gedanken, die sich später auch in der reformatorischen Theologie wiederfinden, die sie jedoch intensiver aus der Hl. Schrift begründet.

Eine Verbindung von *Devotio moderna* und exegetischer Arbeit finden wir namentlich bei Erasmus von Rotterdam. In ihrem Geist erzogen, verband er deren Ziele mit dem exegetischen Programm des aus der italienischen Renaissance hervorgehenden und auch nördlich der Alpen wirksamen Humanismus. Wie den meisten zisalpinen Humanisten blieben ihm jedoch die heidnischen Elemente der Renaissance fremd, um so mehr fesselte ihn die Rückkehr zur christlichen Antike, zur Bibel und zu den Kirchenvätern. Dabei stieß er zu den biblischen Texten in ihrer Ursprache vor und entdeckte durch philologische Kritik und Exegese dieser Texte den Unterschied zwischen der Lehre der Urkirche und der spätscholastischen Theologie. Eine seiner wichtigsten Aufgaben sah Erasmus in einer Edition des griechischen Neuen Testamentes, das über die lateinische, an der Vulgata orientierte exegetische Tradition hinweg, die ursprüngliche Lehre Christi wieder sichtbar machen sollte. Diese Edition, sein *Novum instrumentum*, erschien 1516 und war mit kurzen Sacherklärungen verbunden. In den beiden Vorreden faßte Erasmus zugleich die Ziele seiner mit dieser Edition verbundenen humanistischen Reformtheologie zusammen.

In den Schriften des Neuen Testamentes lebt, atmet und spricht Christus für uns heute, fast könnte ich sagen: noch wirkungsvoller als in seinen Erdentagen. Die Juden sahen ihn weniger, sie hörten ihn weniger als du ihn jetzt in den evangelischen Schriften siehst und hörst. Du brauchst nur Augen und Ohren aufzumachen ... Für mich ist der wahrhaft ein Theologe, der nichts in geschraubten Syllogismen, sondern mit innerer Ergriffenheit, mit dem Blick seiner Augen, ja mit seinem Leben selbst lehrt, daß die Reichtümer dieser Welt zu verachten sind, daß ein Christ nicht auf den Schutz dieser Welt seinen Glauben setzen dürfe, vielmehr gänzlich dem Himmel zu vertrauen habe, daß man Unrecht nicht vergelte, daß man bete für die, die einem fluchen. Wer dergleichen wie ich meine, vom Geist Christi angeweht, predigt, einprägt, dazu mahnt, einlädt und anspornt, der endlich ist ein wahrer Theologe – wenn er gleich Arbeiter oder Weber ist ... Und warum eigentlich beschäftigen wir uns alle nicht ausschließlich mit den so großen Autoren der Heiligen Schrift? Warum tragen wir sie nicht ständig bei uns, haben sie stets zur Hand, forschen und suchen unentwegt in ihr ... Warum haben wir fast das ganze Leben mit den Kommentaren und deren widerstreitenden Meinungen verbracht? Meinetwegen mögen die Kommentare tatsächlich mit dem Scharfsinn der Theologen gefüllt sein – aber ohne allen Zweifel wird die Heilige Schrift selbst die Schule der großen Theologen der Zukunft sein.

Neben der Edition des griechischen Urtextes des Neuen Testamentes widmete sich Erasmus vor allem der Edition der Kirchenväter. 1516 erschienen die Werke des Hieronymus, 1520 die Cyprians und des Arnobius, 1523 die des Hilarius von Poitiers, 1525–1533 die Editionen und Übersetzungen des Chrysostomus, 1526 die Werke des Irenäus, 1527 Übersetzungen des Origenes und die Werke des Ambrosius und 1528/29 die Werke Augustins. Damit vollbrachte der gefeierte Humanist eine immense Editionsleistung, die nur durch die Umbrüche der beginnenden Reformation in den Hintergrund trat, andererseits für die Beschäftigung der Reformatoren mit den Kirchenvätern wiederum eine besondere Hilfe darbot. Seine humanistische Reformtheologie findet einen ersten klassischen Ausdruck in seinem *Enchiridion militis Christiani* von 1501. Als Erasmus in der erweiterten Auflage von 1518 auf Luther anspielte und hier Sympathien für die Reformation erkennen ließ, wurde das Enchiridion zu einem weit verbreiteten Frömmigkeitsbuch des Humanismus. Allein zwischen 1518 und 1530 erschienen 37 Auflagen. Erasmus schildert in dieser praktisch-religiösen Schrift das Leben des Christen als das Leben eines *miles Christianus*, der mit Hilfe der Gnade gegen die sündige Macht der Triebe und der Sinnlichkeit nach Maßgabe der Vernunft streitet. Dazu bedarf er der Gnade, weil auch nach der Taufe in ihm drei Übel wirksam bleiben: eine geistige Blindheit, die immer wieder die Vernunft verdunkelt, das Fleisch, das die Leidenschaften des Menschen weckt und diese nach der Herrschaft über den Geist des Menschen streben läßt und die mit ihm gegebene Schwachheit, die die Menschen die schon erworbenen Tugenden immer wieder verlieren läßt. Damit interpretierte Erasmus die paulinische Antithese von Fleisch und Geist im Licht moralischer Prinzipien der Antike und sah das Ideal des Christen in der vernünftigen Beherrschung seiner Leidenschaften. Vorbild in der Erfüllung dieses Ideals war ihm Christus, auf dessen moralische Wegweisung der Christ sein ganzes Augenmerk richten sollte. Dieses Frömmigkeitsideal ist zugleich ein Kriterium allen Aberglaubens. Als Erasmus 1509 bei seinem Freund Thomas Morus in England weilte, schrieb er sein »Lob der Torheit«, in dem er die paulinische Rede von der Torheit des Kreuzes wider die Weisheit der Welt und die Selbstherrlichkeit der scholastischen Theologen und der Kirche richtete. Erasmus rühmt sich mit Paulus lieber seiner Schwachheit, um sich auf die im Kreuz Christi offenbare und in der Demut gelebte Weisheit Gottes auszurichten. Diese humanistische Reformtheologie fand zu Beginn des 16. Jhs. namentlich unter den Gebildeten eine große Verbreitung und zeigt das Klima an, in dem sich auch der reformatorische Bibelhumanismus zu Beginn des 16. Jhs. entwickelt.

Neben der spätscholastischen Theologie eines Gabriel Biel, der *Devotio moderna* und der humanistischen Reformtheologie prägt die monastische Theologie der klassischen mittelalterlichen Mönchsorden das theologische und religiöse Bewußtsein an der Schwelle zur Reformation. Der Augustiner-Eremitenorden, der 1244 durch den Zusammenschluß Toscanischer Eremitengruppen entstanden und von Papst Innozenz IV. bestätigt worden war, hatte Augustin zum Vorbild für all sein Tun gewählt. Auch die von der kirchlichen Reformbewegung des Hochmittelalters propagierten Ideale der »evangelischen Armut« und der »Apostolischen Bruderschaft«, wie man sie damals bei den Dominikanern und Franziskanern zu verwirklichen suchte, wirkten auf die Entwicklung des neuen Ordens maßgebend ein und fanden in dessen augustinischer Spiritualität einen günstigen Nährboden. Es ist nur natürlich, daß dieser Orden besonders mit der Theologie Augustins verflochten war. Theologie selbst versteht er als eine praktische bzw. affektive Wissenschaft, die auf die Verbindung des menschlichen Willens mit der göttlichen Liebe zielt. Wie Augustin so unterstreichen die Augustiner-Eremiten den Primat der Gnade bei der Rechtfertigung. Dieser ist völlig ungeschuldet und die Verdienste, die die Gnade im Menschen wirkt, sind Gaben der Gnade Gottes. Für jedes wahrhaft gute Werk halten die Augustiner-Eremiten in der Regel die Mitwirkung der helfenden Gnade, des *auxilium Dei speciale*, für notwendig. Das starke Interesse an der von der Gnade gewirkten Rechtfertigung betont die Schwäche des menschlichen Willens sowie die Macht der sündigen Begierde. Dementsprechend werden Willensfreiheit und Wert der menschlichen Werke zwar nicht geleugnet, aber doch stark eingeschränkt. Die Gerechtigkeit des Menschen ist wegen der Konkupiszenz, d. h. der auch nach dem Empfang der Taufgnade bleibenden Macht der Sünde, bis zum Lebensende unvollkommen und bedarf der Vergebung Gottes. Trotz dieses allgemeinen augustinischen Hintergrundes gibt es keine einheitliche Augustiner-Theologie. Das liegt nicht zuletzt daran, daß Augustin in der spannungsreichen Vielfalt seines Werkes auf alle Theologen des Mittelalters eingewirkt hat. Im übrigen wirkte Augustin in der durch das Konzil von Orange 529 festgelegten gemäßigten Form.

Zu einer besonderen Augustin-Renaissance kam es aber bei Gregor von Rimini (gest. 1358), der energisch auf den antipelagianischen Augustin zurückgriff und eine konsequente Sünden- und Gnadenlehre vertrat. Erkenntnistheoretisch verband Gregor von Rimini seine Gnadenlehre mit dem Nominalismus, so daß wir hier eine theologiegeschichtliche Konstellation haben, die eine Parallele hat in den Anfängen der reformatorischen Theologie in Wittenberg. Offen ist die Frage, ob eine in den Statuten der Wittenberger artistischen Fakultät bezeugte *via Gregoriae* neben einer *via Thomae* und einer *via Scoti* sich mehr auf die erkenntnistheoretischen nominalistischen Voraussetzungen Gregors bezieht als auf seine Gnadentheologie. Faktum ist jedenfalls, daß Luther Gregor von Rimini vor der Leipziger Disputation 1519 selbst nicht zitiert. Es war erst Johannes Eck, der auf der Leipziger Disputation diesen Namen in die Diskussion brachte, worauf sich Luther dann ausdrücklich auch mit Gregor von Rimini beschäftigte. Andererseits ist es eine Tatsache, daß der spätmittelalterliche Theologe P. d'Ailly Gregor von Rimini in seinem Sentenzenkommentar intensiv ausgeschrieben hat und daß der junge Luther für seine Kommentierung der Sentenzen des Petrus Lombardus und seine sonstige systematisch-theologische Orientierung diesen Kommentar benutzt hat. Doch bestand auch die Möglichkeit, auf den antipelagianischen Augustin zurückzugreifen aufgrund der 1490–1506 bei Johannes Amerbach in Basel erschienenen Gesamtausgabe des großen Kirchenvaters.

Was die zeitgenössischen Augustiner-Eremiten-Theologen um die Wende zum 16. Jh. angeht, so entwickelte z. B. Johannes von Paltz, der bis 1505 dem Erfurter Augustiner-Eremitenorden als berühmter Prediger angehörte und auch als Novizenmeister tätig war, seine Theologie eher im Horizont der nominalistischen semipelagianischen Gnadenlehre. Der deutsche Generalvikar des Ordens dagegen, Johannes von Staupitz, dachte eher auf dem Hintergrund eines gemäßigten Thomismus und dessen Gnadenlehre. Bei beiden Theologen findet sich aber kaum ein gnadentheologischer Rückgriff auf Gregor von Rimini. Was das monastische Ideal der Demut angeht, in der nach 1 Kor 11,31 der Mönch sich im Selbstgericht dem Urteil

Gottes unterwirft, um auf diese Weise das eschatologische Gericht Gottes vorwegzunehmen und auf die rettende Gerechtigkeit Gottes zu hoffen, so deutet Johannes von Paltz in seiner »Himmlischen Fundgrube« dieses Ideal einerseits von Voraussetzungen der nominalistischen Gnadenlehre her und orientiert es andererseits am Beispiel Marias. Gott hat nach Paltz die Demut seiner Magd Maria angesehen (Lk 1,48) und sandte auf das demütige Gebet der Jungfrau Maria hin seinen Sohn in die Welt zur Versöhnung der Menschen. Wer sich deshalb wie Maria vor Gott demütigt, was der Mensch aus eigenen, natürlichen Kräften kann, empfängt ebenfalls die Gnade Gottes. Paltz knüpft dabei an den nominalistischen Gedanken an, daß derjenige die Gnade empfängt, der tut, was in ihm ist. Dieses Tun versteht er z. B. als Demut des Menschen in der Nachfolge Marias. Paltz artikuliert so ein semipelagianisches Demutsverständnis, weil nach ihm der Mensch durch Selbstdemütigung vor Gott die Gnade verdienen kann. Demgegenüber ist die Demut für Johannes von Staupitz die Folge der zuvorkommenden Gnade Gottes. In der Demut überläßt der Mensch nach Johannes von Staupitz sein eigenes Ich radikal der Gnade Gottes. Dieses Überlassen des eigenen Ich an Gott geschieht in der Gleichförmigkeit des menschlichen Willens mit dem Willen Gottes, wie er im Kreuz Jesu Christi offenbar geworden ist. In der Nachfolge des gekreuzigten Christus vollzieht der Mensch so eine Selbstverurteilung, die die eigene Anfechtung und das eigene Unvermögen in das Licht des Kreuzes Jesu Christi stellt. Entsprechend ist die Demut Grundlage und zugleich wichtigstes Glied der Gleichförmigkeit des menschlichen mit dem göttlichen Willen. Indem der Mensch aufgrund der Gnade freiwillig in der Demut das Gericht Gottes im Kreuz Jesu Christi übernimmt, handelt er verdienstlich. Die Demut verdient so nicht die Gnade, sondern ist ein Verdienst aufgrund der Gnade, die den von Gott prädestinierten Menschen zuteil wird. Deshalb widersprechen Kreuz und Anfechtung nicht der Prädestination, sondern entsprechen ihr, weil Christus als der Erwählte Gottes den Weg des Kreuzes ging. Das Kreuz Christi ist als Ort äußerster Verlassenheit zugleich Ausdruck eines radikalen Erwähltseins durch die Gnade Gottes. Diese Erfahrung wird auch dem Demütigen zuteil, wenn er in der Nachfolge des gekreuzigten Christus seinen Willen durch Gott kreuzigen und mit dem Willen Gottes konform machen läßt. Dieser Demutstheologie Johannes von Staupitz' steht die frühe *humilitas*-Theologie auch des Augustiner-Eremiten Martin Luther unmittelbar nahe.

Eine besondere Komponente der monastischen Theologie und Spiritualität zu Beginn des 16. Jhs. ist die Mystik. Typologisch kann man in der mittelalterlichen bzw. spätmittelalterlichen Mystik drei Richtungen unterscheiden: die Nachwirkung der deutschen Mystik Meister Eckharts, vermittelt über Johannes Tauler und Heinrich Seuse; dann die spekulative areopagitische Mystik eines Dionysius Areopagita und schließlich die sog. romanische Mystik eines Bonaventura, Bernhard von Clairvaux, Johann Gerson u. a. Diese Formen vermischen sich zum Teil, dennoch bieten sie bestimmte Grundimpulse auch für die Frömmigkeit und Theologie an der Schwelle des 16. Jhs.

In der mittelalterlichen wie spätmittelalterlichen Theologie bildete die Mystik von jeher ein gewisses Gegengewicht zur klassischen scholastischen Theologie. Versuchte die scholastische Theologie die Gnadenlehre wissenschaftlich im Horizont der antiken Tugendlehre zu entfalten, indem sie aufzeigte, wie der Mensch in seiner sittlichen Praxis nicht nur auf das innerweltliche Glück, sondern zugleich auch auf das dieses transzendierende ewige Glück ausgerichtet wird und in einem tugendhaften Leben aufweisbare Voraussetzungen für das richtende und rechtfertigende Urteil Gottes im Endgericht aufweist, so bemühte sich die mystische Theologie, den Menschen weniger von seiner Aktivität als vielmehr von seiner Passivität her zu verstehen. Hier blieb ein Wissen darum lebendig, daß der Mensch nicht nur das ist, was er durch sein Tun ist, sondern daß es ein vorausliegendes Sein des Menschen gibt, in dem es mehr um Erleuchtetwerden und Verstehen als um Aktion und Veränderung geht. So finden wir in der romanischen Mystik eines Bernhard von Clairvaux als dritte Wahrheitsstufe der mönchischen Spiritualität die *contemplatio*, die Schau des göttlichen Wesens und das damit verbundene Innewerden des eigenen Seins vor und aus Gott. Zwar setzt diese *contemplatio* die Demut und die Liebe als Reinigung des Herzens voraus, transzendiert aber den Bereich der religiösen Sittlichkeit, indem sie wenigstens punktuell schon jetzt schauend den Menschen an Gottes ewigem Sein teilhaben läßt. Es geht in dieser Mystik um eine auf das ganze der Erfahrung ausgerichtete affektive Vernunft, die weniger aus dem ethischen Anspruch des göttlichen

Gesetzes als vielmehr aus der Meditation der göttlichen Weisheit lebt. Neben der *vita activa* hielt die Mystik so im Mittelalter immer auch das Wissen um die *vita contemplativa* wach. Nicht zuletzt entsteht die sog. deutsche Mystik als Korrektur des scholastischen Systems, verbunden mit all den Gefahren, die die Einkehr in die eigene Innerlichkeit zu verwechseln drohen mit dem den Menschen und die Welt zur Vollendung führenden eschatologischen Handeln Gottes. So lädt z. B. Meister Eckhart (1260–1328) den Menschen ein, sich vom Verhaftetsein an die Welt zu lösen, in seinen inneren Seelengrund zurückzukehren und hier die Geburt des unerschaffenen Wortes Gottes in der Seele bzw. die Gnade Gottes zu erwarten. Eine durch diese Gnade erleuchtete und gestärkte Seele wirkt sich dann wiederum in der Aktivität eines tugendhaften Lebens aus. Da die spekulative Ausformung dieser Mystik in der Bulle *In agro dominico* (1327) teilweise verurteilt wurde, wurde Eckhart selber im Spätmittelalter nicht unmittelbar, sondern über seine Schüler Johannes Tauler (gest. 1361) und Heinrich Seuse (gest. 1366) wirksam. Besonders die Predigten Johannes Taulers beeinflußten die spätmittelalterliche Frömmigkeit. So lehrt Tauler, daß der Mensch in seinen Seelengrund einkehren muß, um wahrhaft aus Gott geboren zu werden und sich seiner metaphysischen Identität zu vergewissern. Die Seele hat sich durch die Sünde von ihrer wahren Seinsbeziehung zu Gott abgewandt und hat sich durch sinnlich vermittelte Bilder an die Schöpfung verloren. Sie ist entfremdet und veräußerlicht, weil sie nicht mehr in Gott, sondern in den geschaffenen Dingen ihre Identität sucht. Will sie wieder in ihr wahres, geistiges Sein zurückkehren, so muß sie sich in der Leidensnachfolge Christi von allem Verhaftetsein an das Geschaffene lösen und wiederum in ihren Grund zurückkehren. Der Mensch muß alles Heimische verlassen, um dann von der Gnade bzw. Liebe Gotte ergriffen zu werden, die ihn außerhalb seiner selbst in Gott versetzt. Nach der Abwendung von allem Äußeren und der Einkehr in ihren eigenen Grund vollzieht die Seele so einen »uzgang, jo ein übergang usser ime selber und über in«. Hinter dieser Exodus-Vorstellung, die von einem inneren Exodus der Seele in Gott spricht, steht die mystische Vorstellung der göttlichen Liebe (*amor divinus*), der den Menschen aus sich selbst in den göttlichen Grund hineinreißt. Diese Mystik hielt Vorstellungen bereit, die die kommende reformatorische Theologie aufnehmen und kritisch gegen den scholastischen Aristotelismus verwenden konnte.

Eine spekulative Gestalt der mittelalterlichen Mystik, die ebenfalls auch noch an der Schwelle zum 16. Jh. wirksam war, war die Mystik des Dionysius Areopagita. Unter dem Namen des von Paulus bekehrten Dionysius Areopagita (Act 17,34), der nach kirchlicher Tradition erster Bischof von Athen war, kursierte seit dem 6. Jh. eine Sammlung mystischer Schriften, die im Abendland zu einem wichtigen Bindeglied zwischen kirchlicher Theologie und Platonismus wurde. In jüngster Zeit hat die Forschung den Autor dieses Dionysischen Schrifttums mit Petrus Fullo identifiziert, der 471–485 Patriarch von Antiochien war und 488 starb. Ein byzantinischer Prachtkodex mit seinem neuplatonisch geprägten Schrifttum wurde 827 dem Abt von St. Denise in Paris geschenkt und 867 von Johannes Scotus Eriugena in Paris ins Lateinische übersetzt und so dem Mittelalter vermittelt. Die mystische Theologie des Dionysius Areopagita unterscheidet sich als eine negative Theologie von der sog. *theologia propria*, einer Theologie, die wie die scholastische Theologie in positiven und objektivierenden Sätzen über Gott redet. Die negative Theologie enthält sich dagegen aller positiven Aussagen über Gott und ist bemüht, Gott in seiner Verborgenheit jenseits aller ihn offenbarenden Sätze schweigend zu verehren. Die menschliche Seele muß sich bei ihrem Aufstieg zu Gott von allen objektivierenden Vorstellungen lösen und in die Dunkelheit des göttlichen Mysteriums eintreten. Dunkelheit ist bei Dionysius Areopagita bzw. Fullo geradezu ein Äquivalent für den Gottesnamen, denn alle Gott positiv aussprechenden Namen und Bezeichnungen vermögen die Verborgenheit Gottes nicht zu durchdringen. Die Fülle der scholastischen Distinktionen und ihrer Theologie, d.h. ihrer über Gott thetische Behauptungen aufstellenden Theologie, verhält sich nach Meinung dieser spekulativen Mystik gegenüber wie Milch zu Wein. In mönchischen Kreisen wurde diese areopagitische Mystik z.T. rezipiert, um in der monastischen Spiritualität das verborgene Mysterium Gottes jenseits aller Aussagbarkeit anbetend zu verehren. Es ist jedoch nicht verwunderlich, daß eine sich auf das Wort Gottes applizierende spätmittelalterliche Theologie sich in kritischer Distanz zu dieser spekulativen Theologie des Dionysius Areopagita befand.

Luther und die Anfänge der Reformation

Luther und der Durchbruch der Reformation

In diese politisch, kirchlich und theologisch brisante Zeit zu Beginn des 16. Jhs., die in vieler Hinsicht auf Reformen zielte, der aber der entscheidende neue Durchbruch nicht gelungen war, wurde am 10.11.1483 in Eisleben, in der Grafschaft Mansfeld, Martin Luther hineingeboren. Die väterliche Familie Luthers, die Familie Luder, war eine Bauernfamilie aus Möhra in der Nähe von Eisleben. Da Luthers Vater Hans der älteste von vier Söhnen war und nur jeweils der jüngste Sohn den väterlichen Hof erben konnte, war er im Herbst 1483 mit seiner Frau Margarete, geb. Lindemann aus Eisenach, nach Eisleben in der Grafschaft Mansfeld gezogen, um dort als Bergmann in den neu erschlossenen Kupfergruben zu arbeiten. Dort wurde ihm am 10.11.1483 gegen Mitternacht ein zweiter Sohn geboren, den er nach der Sitte der Zeit am folgenden Morgen in der Peterskirche von dem Pfarrer Bartholomäus Rennebecher nach dem Heiligen des Tages auf den Namen Martin taufen ließ. Es scheint aber, daß Luthers Vater in Eisleben nicht recht vorwärtskam und deshalb schon im Frühsommer des Jahres 1484 mit seiner kleinen Familie nach Mansfeld übersiedelte. Dort war er zunächst als einfacher Berghauer tätig. Aber schon 1491 gelang es ihm, zusammen mit einem anderen Mansfelder ein kleines Hüttenwerk zu pachten, das ihm bald zu Ansehen und einem kleinen Vermögen verhelfen sollte. Im Jahre 1488 wurde Martin in die städtische Schule geschickt, wo er vor allem Lesen, Schreiben, Singen und Latein lernte. Deklinieren und Konjugieren lernten die Lateinschüler anhand des sog. Donat und die lateinische Syntax nach dem *Doctrinale* des Alexander de Villedieu. Als Lektüre lernte der junge Martin den Pseudo-Cato, Äsop und Terenz kennen. Die Erziehung im Elternhaus war relativ streng und religiös geprägt, ohne daß die Frömmigkeit jedoch besonders intensiv gepflegt wurde. Im Frühjahr 1497 wurde Martin dann auf die Domschule nach Magdeburg geschickt und wohnte dort bei den »Brüdern vom gemeinsamen Leben«, die möglicherweise auch an der Domschule unterrichteten. Wir haben keine direkten Zeugnisse dafür, daß schon jetzt die Frömmigkeit der *Devotio moderna* auf den jungen Martin besonders eingewirkt hätte. Doch dürfte der religiöse Ernst, der von den »Brüdern vom gemeinsamen Leben« ausging, auch auf Martin seine Wirkung nicht verfehlt haben. Ostern 1498 kehrte er bereits Magdeburg wieder den Rücken, weil seine Eltern ihn an der Pfarrschule St. Georg in Eisenach kostengünstiger unterbringen konnten. Hier fand Luther Aufnahme in dem frommen Haus der Familie Cotta und seine tägliche Nahrung im Hause Schalbe, wo er als Gegenleistung den Sohn des Hauses bei den Schulaufgaben betreuen mußte. Unter dem Einfluß der Franziskaner spielte in den Häusern Cotta/Schalbe die spätmittelalterliche Frömmigkeit eine große Rolle, was nicht ohne Einfluß auf den jungen Martin blieb.

Ende April 1501 begann Luther mit dem Studium an der Universität Erfurt und immatrikulierte sich dort an der artistischen Fakultät, um die eines freien Mannes würdigen sieben *artes liberales*: Grammatik, Rhetorik und Dialektik, das sog. Trivium, und Mathematik, Musik, Geometrie und Astronomie, das sog. Quadrivium, zu studieren. Wer dieses Studium mit der Würde des *magister artium* abgeschlossen hatte, konnte sich dann für das Studium der höheren Fakultäten: der Theologie, der Medizin oder der Jurisprudenz entscheiden. Es gelang Luther, den vorgeschriebenen Stoff der artistischen Fakultät so früh wie möglich zu bewältigen und am 7. 1. 1505 das Examen des *magister artium* zu bestehen. Die Schulrichtung der Universität Erfurt war die *via moderna*, eine von den erkenntnistheoretischen Prinzipien Ockhams bestimmte Richtung. Nach dieser begegnet uns die Realität individuell bzw. in der Erfahrung, und den Allgemeinbegriffen, die die Struktur der Realität abzubilden versuchen, kommt nur eine intramentale, d. h. eine in unserem Verstand vorhandene Realität zu *(universalia sunt post res)*.

Luthers wichtigste Lehrer waren Jodokus Trutvetter aus Eisenach und Bartholomäus Arnoldi von Usingen. In einem Brief vom 9. 5. 1518 bestätigt Luther später seinem Lehrer Trutvetter, daß er von ihm den Unterschied zwischen der Wahrheit der Schrift und der natürlichen Rationalität kennengelernt habe: *Ex te primo omnium didici, solis canonicis libris deberi fidem, ceteris omnibus iudicium (rationis).* (WAB 1,171,72 f.: »Von dir habe ich zuerst gelernt, daß allein den kanonischen Büchern der Hl. Schrift der Glaube gelte, allen übrigen aber das Urteil der Vernunft.«) Diese Erinnerung entspricht der von der *via moderna* vertretenen strikten Unterscheidung von Philosophie und Offenbarung.

Im Anschluß an das Examen des *magister artium* beginnt Luther – einem Wunsch seines Vaters entsprechend – mit dem Studium der Jurisprudenz. Auf dem Rückweg von einem Besuch seiner Eltern in Mansfeld geriet Luther am 2.6.1505 bei Stotternheim in ein schweres Gewitter. Ein Blitz schlug in nächster Nähe ein, so daß er in Todesnot geriet und die heilige Anna um Hilfe anrief und seinem Notgebet das Gelübde hinzufügte: »Ich will ein Mönch werden.« Dieses Gelübde war Luther zwar in einer außerordentlich bedrängenden Lebenssituation entfahren, doch dürfte es nicht rein zufällig ausgesprochen worden sein. Wahrscheinlich hatte sich Luther schon vorher mit der Möglichkeit befaßt, Mönch zu werden. Die große Zahl der Klöster, der hohe Prozentsatz der Ordensleute in der damaligen Bevölkerung sowie das Umgetriebensein von innerer Heilsangst waren Anlaß genug, über diese Möglichkeit nachzudenken und nach der eigenen Würdigkeit vor Gott, dem ewigen Richter, zu fragen.

Nachdem Luther zunächst in Erfurt die Frage klärte, ob ein solches eher zufällig zustandegekommenes Gelübde ihn wirklich binde, wählte er die Möglichkeit, Mönch zu werden, und trat am 17.7.1505 in das Kloster der Augustiner-Eremiten in Erfurt ein. Nach anfänglichem Widerstand stimmte auch die Familie mit größten Bedenken Luthers Entschluß zu. Nach einer einleitenden Novizenzeit vollzog Luther im September 1506 die Profeß und wurde damit Mitglied des Ordens der Augustiner-Eremiten. In seiner Novizenzeit bildeten asketische Übungen den Hauptgegenstand in der Erziehung des jungen Mönchs. Zu Anfang wurde er wie alle Novizen von dem Novizenmeister Johann von Grefenstein in den vorgeschriebenen klösterlichen Verhaltensweisen und der Augustinerregel unterwiesen. Großes Gewicht wurde auf die Lektüre der Hl. Schrift als geistliches Erziehungsmittel gelegt, die mit der Beichte im Mittelpunkt der Erziehung des Novizen stand. Bei dem stillen Studium desselben hatte der Novize zugleich den Zustand seiner Seele zu beobachten, so daß er in der Lage war, wenigstens einmal in der Woche – wie es die Regel vorschrieb – dem Novizenmeister laut, diskret und demütig zu beichten. Kein Wunder, daß in dieser Weise in dem jungen Novizen eine Selbstanalyse erweckt wurde, die schließlich zu seinen bekannten Klosteranfechtungen führte. Noch mehr als sonst ergriff ihn die Gerichtsangst und der Zweifel, ob er im künftigen Gericht Gottes bestehen könne. Dem Novizenmeister waren natürlich solche Erfahrungen nicht unbekannt, und er versuchte, den jungen Luther seelsorgerlich zu begleiten. Immer wieder wechselten heftige Anfechtungen mit ruhigen Phasen, in denen Luther vor allen Dingen die Lektüre der Bibel und spätmittelalterlicher, erbaulicher Schriften vorantrieb. Doch die Heilsangst bzw. der Gerichtsernst ließ ihn nicht los und überfiel ihn immer wieder. 1518 beschreibt Luther diese Erfahrung so:

Ich kenne einen Menschen (2 Kor 12,2), der versichert hat, daß er diese Strafen öfters erlitten habe. Sie hätten zwar nur sehr kurze Zeit gedauert, sie seien aber so schwer und so höllisch, wie keine Zunge es sagen, keine Feder es beschreiben, kein Unerfahrener es glauben könne; so daß, wenn sie ihren höchsten Grad erreichen oder nur eine halbe Stunde, ja nur den zehnten Teil einer Stunde dauern würden, er ganz zugrundegehen müßte und alle seine Gebeine zu Asche vergehen würden. Hier erscheint Gott schrecklich, zornig und mit ihm zugleich die gesamte Schöpfung. Da gibt es keine Flucht, keinen Trost, weder drinnen noch draußen, sondern alles wird zum Ankläger. Da sagt man unter Tränen diesen Vers: »Verstoßen bin ich von dem Antlitz deiner Augen« (Ps 31,23). In diesem Augenblick wagt man nicht einmal zu sagen: »Herr, strafe mich nicht in deinem Zorn« (Ps 6,2). In diesem Augenblick kann die Seele (es ist merkwürdig zu sagen), nicht glauben, daß sie jemals erlöst werden könne; nur daß sie noch nicht die volle Strafe spürt. Sie (die Strafe) ist aber doch ewig, und sie (die Seele) kann sie auch nicht für zeitlich halten. Es bleibt nur das bloße Verlangen nach Hilfe und ein erschütterndes Seufzen übrig, aber sie weiß nicht, woher sie Hilfe erlangen soll. Hier ist die Seele weit ausgespannt mit Christus, so daß man gleichsam alle ihre Gebeine zählen kann, und es ist kein Winkel in ihr, der nicht mit der bittersten Bitterkeit, mit Schrecken, Zittern und Traurigkeit angefüllt wäre, und zwar so, daß diese alle von ewiger Dauer sind. Und damit ich etwa einen Vergleich ge-

be: Wenn eine Kugel über eine gerade Linie geht, so trägt jeder Punkt der
Linie, der berührt wird, die Kugel, trotzdem umfaßt er nicht die ganze Ku-
gel. So auch die Seele in ihrem Punkt: Wenn sie von der über sie hingehen-
den wenigen Überschwemmung berührt wird, empfindet und trinkt sie
nichts als ewige Strafe, aber diese bleibt nicht, sondern sie geht über sie
hinweg. Wenn nun jene Höllenstrafe, d. h. jener unerträgliche Schrecken,
gegen den es keinen Trost gibt, Lebendigen zuteil wird, um so viel mehr
scheint die Strafe der Seelen im Fegefeuer von dieser Art zu sein, nur eben
dauernd. Und jenes innere Feuer ist bei weitem furchtbarer als das äußere.
Wenn einer dies nicht glaubt, so streiten wir nicht.

Gegen diese Anfechtungen half ihm die Demutstheologie seines Ordens, die auf eine Vorwegnahme des göttlichen Gerichtes in Selbst-
erkenntnis und Selbsterniedrigung zielte, nur wenig. Auch die mittelalterliche Sakramentslehre brachte Luther nur immer wieder ein
Stück voran, weil sie die Bewährung der sakramental mitgeteilten
Gnade in einem verdienstlichen Handeln forderte. Die Schultheologie seiner Erfurter Lehrer band überdies den Gnadenempfang an die
Disposition des *facere, quod in se est*, d. h. sie verunsicherte den
skrupulösen Mönch, der nie wußte, ob er wirklich alles getan hatte,
um des Gnadenempfanges würdig zu sein.

Die Frage, ob Luthers Klosteranfechtungen und Depressionen als patho-
logisch zu bewerten seien, wird man mit dem Psychoanalytiker E. Erikson
(Der junge Mann Luther, 1970) eher verneinen müssen, da die Klosteranfechtungen immer wieder mit ruhigen Phasen wechselten, in denen Luther zu hohen geistigen Leistungen fähig war. Nach Erikson fokussiert
sich in Luthers Anfechtungserfahrungen eher eine religiöse Identitätskrise, die nicht nur für Luther, sondern für den spätmittelalterlichen Menschen an der Schwelle zur Neuzeit charakteristisch war. Luther brauchte
ein länger andauerndes Moratorium, um diese Identitätskrise zu bewältigen. In diesem Moratorium lebte sich Luther immer mehr in die Ordens-
regel und in die Gemeinschaft des Klosterkonventes ein.

Nach seiner Profeß im September 1506 erhielt er die Weisung, sich
unverzüglich auf den Eintritt in den Priesterstand vorzubereiten
und zu diesem Zweck die *Expositio Canonis missae* des Tübinger
Theologieprofessors Gabriel Biel zu studieren. Am 4.4.1507 emp-

fing Luther im Erfurter Dom die Priesterweihe und konnte am 2.5.1507, am Sonntag Kantate, in Anwesenheit der Ordensbrüder, seiner Eltern und einiger Freunde, seine Primiz feiern. Nach der Priesterweihe bestimmte ihn der Ordensprior zu einem ordentlichen Theologiestudium. Dieses begann zunächst im Generalstudium des Ordens selber. Der Hauptlehrer und Regens dieses Generalstudiums war der Pater Johann Nathin, ein Schüler und Anhänger des Tübinger Ockhamisten Gabriel Biel. Er hielt die große Vorlesung über die »Sentenzen des Petrus Lombardus«, die überall im Abendland die Grundlage für das Studium der Systematischen Theologie bildeten. Außer jener Vorlesung hörte Luther noch exegetische Kollegs. Als exegetisches Hilfsmittel benutzte Luther die *Glossa ordinaria*, einen exegetischen Kommentar zur ganzen Hl. Schrift des mittelalterlichen Exegeten Nikolaus von Lyra. Ferner studierte er die Sentenzen-Kommentare Gabriel Biels, Pierre d'Aillys und Ockhams, in denen die zentralen systematisch-theologischen Themen abgehandelt wurden. So entwickelte sich Luther zunächst zu einem Theologen nominalistisch-ockhamistischer Prägung, konnte damit seine inneren Anfechtungen jedoch nicht überwinden.

Im Herbst 1508 wurde Luther in den Wittenberger Konvent der Augustiner-Eremiten versetzt, um anstelle des Paters Wolfgang Ostermayr eine den Augustiner-Eremiten übertragene Lektur der Moralphilosophie in der artistischen Fakultät der Universität Wittenberg zu vertreten. Hier hatte er nun viermal wöchentlich eine Stunde über die Nikomachische Ethik des Aristoteles zu lesen und einmal abends Disputationen der Studenten zu leiten. Gleichzeitig setzte er an der Theologischen Fakultät seine eigenen Studien fort. Nachdem er im März 1509 in Wittenberg zum *baccalaureus biblicus* promoviert wurde, war er zusätzlich noch verpflichtet, außer der moralphilosophischen Vorlesung an der Artisten-Fakultät eine zweite Vorlesung über etliche, ihm von der Theologischen Fakultät bezeichnete Kapitel der Bibel zu halten. Im Oktober 1509 kehrte Luther nach Erfurt zurück und las dort selbst über die Sentenzen des Petrus Lombardus. Wir haben eine Reihe von Randbemerkungen, die Luther damals in ein aus der Erfurter Klosterbibliothek ausgeliehenes Exemplar der Sentenzen eingetragen hat.

Im ganzen liegt Luther noch auf der Linie der ockhamistischen Theologie und teilt ihre Anschauungen wie Aporien. Doch zeigen sich im Sünden- und Gnadenverständnis schon Akzente, die in eine neue Richtung weisen sollten. Schon kritisiert er Aristoteles, den »ranzigen Philosophen«, dessen Anthropologie die scholastischen Theologen dazu verführe, die in dem Menschen wirksame Gnade zugleich als eine *habituale* Qualität seiner Seele zu verstehen, die in der Gefahr stand, die Unmittelbarkeit und Unverfügbarkeit der Gnade zu beeinträchtigen. Das Studium der Sentenzen schloß Luther im Herbst 1509 mit der Promotion zum *Sententiarius* ab. Neben dem Lombarden beschäftigte sich Luther nun vor allem mit Augustin und studierte neben kleineren Augustin-Schriften *De trinitate* und *De civitate Dei*, aber noch nicht die Schriften des antipelagianischen Augustin. Im November 1510 wurde Luther mit einem anderen Ordensbruder nach Rom geschickt, um im Namen des Erfurter Klosters gegen eine von dem deutschen Generalvikar der Augustiner-Eremiten Johannes von Staupitz intendierte Vereinigung der Observanten, d.h. der strengeren, und der Konventualen, d.h. der laxeren Klöster der sächsischen Ordensprovinz zu protestieren. Der Protest seines Klosters beim Ordensgeneral in Rom war aber ohne jede Aussicht auf Erfolg und wurde nach einiger Zeit zurückgewiesen. Luther hielt sich vier Wochen in Rom auf. Obwohl die Verweltlichung des von der Renaissance geprägten römischen Klerus auf Luther einen negativen Eindruck machte, versuchte er doch, durch den Besuch der sieben Hauptkirchen Roms die dort angebotenen Gnadenmittel voll in Anspruch zu nehmen. Obgleich die religiösen Mißstände in Rom für Luther nicht zu übersehen waren, stand ihnen doch der Reichtum der Gnaden gegenüber, die er in Rom empfangen hatte, und so überwog schließlich ein positiver Eindruck. Nach seiner Rückkehr aus Rom unterstützte Luther in Erfurt entgegen der Mehrheit seines Klosters die Vermittlungsvorschläge des deutschen Generalvikars Johannes von Staupitz. Staupitz berief ihn schließlich im Spätsommer 1511 nach Wittenberg und forderte ihn auf, das Theologiestudium mit dem Doktorat abzuschließen. Er ernannte ihn gleichzeitig zum Ordensprediger des Wittenberger Konventes, so daß Luther nun regelmäßig im Refektorium des Klosters vor den Mönchen zu predigen hatte. Am 19.10.1512 fand im Anschluß an eine Disputation Luthers Promotion zum Doktor der Theologie statt und am 22.10.1512 wurde Luther in die Theologische Fakultät und den Senat der Universität aufgenommen.

Nun forderte Johannes von Staupitz Luther auf, die von ihm wegen der Ordensverpflichtungen nicht mehr wahrgenommene Professur einer *lectura in biblia* zu übernehmen. Mit dieser Entscheidung war eine wichtige Weichenstellung in der Biographie des jungen Luthers erfolgt. Von nun an sollte die intensive Exegese der Hl. Schrift ihn Stück für Stück von seiner scholastischen Schultheologie lösen und schließlich auf den Boden der Paulusexegese 1515/16 zum sog. reformatorischen Durchbruch führen. Persönlich war es vor allem Johann von Staupitz, der Luther in seinen Anfechtungen tröstete und ihm Hinweise gab, die ihn auf einen neuen Weg führten, dessen exegetische Begründung und Legitimierung er allerdings selbst herausfand. Als Luther eines Tages wieder mit der bohrenden Frage kam, ob er denn zu den Prädestinierten gehöre, nahm sich Staupitz seiner an und sagte: »Wenn man über die Prädestination disputieren will, so hebe man an von den Wunden Christi. Präge dir das Bild Christi recht ein, der von Gott vorherbestimmt worden ist, für die Sünder zu leiden, so ist die Prädestination (s-Anfechtung) hinweg.« Staupitz war es auch, der Luther in der selbstquälerischen Buße der monastischen Demut weiterhalf, indem er die Buße thomistisch als Folge der von Gott gnadenhaft geschenkten Liebe verstand. »Die wahre Buße beginnt mit der Liebe zu Gott.« »Dies Wort«, so schreibt Luther 1518, »traf mich wie ein Donnerschlag vom Himmel her und haftete in meiner Seele wie der Pfeil eines Starken.«

Die von Staupitz übernommene *lectura in biblia* sollte aber Luther bald instandsetzen, diese seelsorgerlichen Hilfen von Johannes von Staupitz tiefer durch eine an Paulus orientierte Exegese zu begründen und auf das reformatorische Fundament zu stellen. Im Oktober 1512 begann Luther mit seiner ersten Vorlesung im Auditorium des Wittenberger Augustiner-Eremiten-Klosters und las wahrscheinlich über die Genesis, von August 1513 bis zum Juli 1515 dann über die Psalmen. Es war kein Zufall, daß er gerade die Psalmen für seine Exegese wählte, hatte er sie doch täglich als Mönch gesungen, und vieles war ihm unverständlich geblieben. Namentlich Ps 31,2: *In tua iustitia libera me* – in deiner Gerechtigkeit befreie mich – machte ihm zu schaffen. Denn wie konnte ihn die richtende Gerechtigkeit Gottes retten und befreien? Luthers 1. Psalmenvorlesung von 1513–1515 bzw. die sog. *Dictata super psalterium* sind uns in den Glossen des Wolfenbütteler Psalters und in den Scholien des Dresdner Psalters erhalten. Die Glossen, die sich heute in der Ernst-August-Bibliothek in Wolfenbüttel befinden, umfassen den Vulgata-Text der Psalmen, den Luther für die Studenten mit größerem Zeilenabstand drucken ließ. In der Vorlesung diktierte er in die Zwischenräume exegetische Glossen, um dann mit der jeweiligen Auslegung zu beginnen, die er handschriftlich in den sog. Scholien ausgearbeitet hatte. Wir können anhand dieses Materials Schritt für Schritt Luthers Entwicklung vom spätmittelalterlichen Ockhamisten bis zum reformatorischen Bibeltheologen verfolgen. Wie die mittelalterliche Tradition versteht Luther die Psalmen als Prophetie auf Christus hin. David antizipiert in den Psalmen prophetisch das Geschick Christi. Entsprechend unterscheidet Luther mit dem französischen Humanisten Faber Stapulensis und dessen Psalmenkommentar, dem *Psalterium Quincuplex*, einen doppelten *sensus literalis* der Psalmen, nämlich einen auf David bezogenen *sensus literalis historicus* und einen auf Christus bezogenen *sensus literalis propheticus*. Der *sensus literalis propheticus* ist für Luther der eigentliche Sinn der Psalmen, der *sensus primarius*. Entsprechend dem vierfachen Schriftsinn der mittelalterlichen Exegese legt Luther den *sensus literalis propheticus* aus. Dieser umfaßt neben dem schon genannten *sensus literalis* den auf den Einzelnen und sein Handeln zielenden *sensus tropologicus*, den auf die Kirche zielenden *sensus allegoricus* und den auf die eschatologische Vollendung des Einzelnen wie der Kirche zielenden *sensus anagogicus*. Luther selbst konzentriert sich dabei immer mehr auf die Beziehung von *sensus literalis propheticus* als christologischem Sinn der Psalmen und von *sensus tropologicus*: »Denn alles, was Christus als Werk Gottes dem *sensus literalis propheticus* nach ist, das ist der Glaube in uns nach dem *sensus tropologicus* oder *moralis*« (WA 3,458,8–11). Und so deutet er u. a. im Scholion zu Ps 71(72),2, das im Kreuz Christi geschehene Gericht Gottes *(iudicium Dei)* und die Gerechtigkeit Gottes *(iustitia Dei)* tropologisch auf das Verhältnis von Demut und Glaube. Im Kreuz Christi ist das Gericht Gottes über alles sündige Fleisch und zugleich die Gerechtigkeit Gottes offenbar geworden.

Wie die Wirkung dieses Kreuzes im Glaubenden zu verstehen ist, deutet Luther dann mit den Kategorien des *sensus tropologicus*.

Nach dem *sensus tropologicus* oder *sensus moralis* ist das Gericht Gottes die Demut *(humilitas)* und die Gerechtigkeit Gottes der Glaube an Christus *(fides Christi)*. In der Demut nimmt der Glaubende in seiner Selbstverurteilung das Gericht Gottes vorweg und kann sich deshalb im Glauben an Christus hoffend darauf ausrichten, daß Gott ihn gerechtsprechen wird. Obwohl hier Luther zwischen Gericht Gottes und Gerechtigkeit Gottes und tropologisch zwischen Demut und Glaube unterscheidet, lassen sich diese Aussagen noch in seine monastische Kreuzestheologie einordnen, die davon ausgeht, daß der Glaubende im Selbstgericht der Buße das eschatologische Gericht Gottes vorwegnimmt (1 Kor 11,31) und sich, im Glauben auf Christus hoffend, auf die rettende Gerechtigkeit Gottes ausrichtet.

So sehr Luther hier schon den Glauben auf die rettende Gerechtigkeit Gottes ausrichtet, so sehr dürfte es erst in der Römerbriefvorlesung, die Luther vom November 1515 bis September 1516 an die 1. Psalmenvorlesung anschließt, zum reformatorischen Durchbruch Luthers gekommen sein. In dieser Vorlesung zeigt sich, daß Luther einen Wandel im Verständnis der Gerechtigkeit Gottes vollzieht. Der Akzent liegt nicht mehr länger auf der Demut, sondern auf dem Glauben, der wider die von Luther nun als *peccatum radicale* begriffene Erbsünde (WA 56,277,12) die Gerechtigkeit Gottes *extra nos in Christo* (WA 56,158,9) ergreift. Denn Christus ist »›uns gemacht … von Gott zur Weisheit und zur Gerechtigkeit und zur Heiligung und zur Erlösung‹ (1 Kor 1,30), das ist alles in uns nur durch den Glauben und die Hoffnung auf ihn. Darum gehört der ganze Lobpreis der Kirche … Christus, der durch den Glauben in ihr wohnt …«« (WA 56,279,23–26). Es ist nun die äußere und fremde Gerechtigkeit Gottes (WA 56,158,13 f. 159,2), die uns errettet. In uns wohnt auch nach der Taufe noch die Sünde, die »aber um Christi willen … bedeckt und nicht angerechnet wird« (WA 56,280,2 f.). In der Auslegung von Röm 1,17 unterscheidet Luther deshalb zwischen der Gerechtigkeit vor den Menschen und vor Gott.

In menschlichen Lehren wird die Gerechtigkeit der Menschen geoffenbart und gelehrt, d. h. wer und auf welche Weise einer gerecht ist und wird vor sich selbst und vor den Menschen. Einzig im Evangelium wird die Gerechtigkeit Gottes geoffenbart, (d. h. wer und auf welche Weise einer gerecht ist und wird vor Gott), nämlich allein durch den Glauben, mit dem man dem Worte Gottes glaubt. Wie es Markus am letzten heißt: ›Wer da glaubt und getauft wird, der wird selig, wer aber nicht glaubt, der wird verdammt werden‹ (Mk 16,16). Denn die Gerechtigkeit Gottes ist die Ursache des Heils. Wiederum darf man hier unter Gerechtigkeit Gottes nicht die verstehen, durch die er selbst gerecht ist in sich selbst, sondern die, durch die wir von ihm her gerecht gemacht werden. Das geschieht durch den Glauben an das Evangelium. Daher sagt der selige Augustin im 11. Kapitel seines Buches »Vom Geist und vom Buchstaben«: ›Gerechtigkeit‹ heißt darum Gerechtigkeit Gottes, weil er damit, daß er sie mitteilt, Menschen zu Gerechten macht, so wie ›Heil des Herrn‹ das ist, wodurch er heil macht.‹ Und das Gleiche sagt er im 9. Kapitel desselben Buches. Sie heißt Gottes Gerechtigkeit im Unterschied von der Menschengerechtigkeit, die aus den Werken kommt. Wie es Aristoteles im 3. Buch seiner Ethik deutlich schreibt, nach dessen Anschauung die Gerechtigkeit unserem Handeln folgt und daraus entsteht. Aber bei Gott geht sie den Werken voran und die Werke entspringen aus ihr.

So sehr Luther in diesen Äußerungen alle emphatischen Äußerungen über die Entdeckung der Gerechtigkeit Gottes aus Glauben vermeidet, so sehr dürfte sich die Entdeckung doch in diesen exegetischen Aussagen niederschlagen. Luther erkennt, daß die Gerechtigkeit Gottes nicht mehr wie in der mittelalterlichen Theologie die strafende Gerechtigkeit Gottes meint, die die –wenn auch mit Hilfe der Gnade – erreichten Verdienste des Menschen im Endgericht beurteilt und richtet, sondern die rettende Gerechtigkeit Gottes, die die Ursache des Heils ist und dem Menschen allein im Glauben zuteil wird. Dieses Verständnis der Gerechtigkeit Gottes wird durch den antipelagianischen Augustin, den Luther seit seiner Römerbriefvorlesung intensiv benutzt, in Kap. 11 und 9 von *De spiritu et littera* bestätigt und widerspricht Aristoteles, für den die Gerechtigkeit des Menschen aus den Werken des Menschen hervorgeht. Luther dürfte durch eigene Lektüre der elfteiligen, 1506 bei Johannes Amerbach in Basel erschienenen Augustin-Ausgabe auf die antipelagianischen Schriften Augustins gestoßen sein, die er seit der Römerbriefvorlesung intensiv verwendet. Daß Luther dabei auch durch Gregor von Rimini beeinflußt wurde (H. A. Oberman), ist nicht auszuschließen, doch zitiert er diesen Augustiner-Eremiten erst 1519 (WA 2,394,31–

395,14). Namentlich gegen die spätscholastische Theologie Gabriel Biels erhebt er, auf Paulus und Augustin fußend, nun den Pelagianismusverdacht. So weist er die Vorstellung ab, daß der Mensch, wenn er tut, was in ihm ist *(facere quod in se est)*, aus natürlichen Kräften die heiligmachende Gnade verdienen könne (WA 56,502,14 ff.). Der freie Wille ist in Heilsdingen vielmehr nichts (WA 56,182,9 f. 385,15 ff.), und die Begierde *(concupiscentia)* bezieht sich auf den ganzen Menschen, der ohne die Gnade unfähig ist, etwas selbstlos zu wollen (WA 56,356,2 ff.). Luther verschärft die Erbsünde nun zu einer bleibend und radikal den Menschen bestimmenden Person-Sünde *(peccatum radicale*: WA 56,277,12). Sie wird, so stellt Luther mit Augustin fest *(de nupt. et conc*. 1, 10,25,28), »in der Taufe vergeben, (doch) nicht so, daß sie nicht mehr ist, sondern daß sie nicht mehr zugerechnet wird« (WA 56,273,9 ff.). Sie ist auch nicht auf einen bloßen *fomes* (Zunder) zu reduzieren, der erst durch neue Versuchungen wieder zur Sünde führt (WA 56,271,6 ff.). Sündenvergebung ist nicht mehr Eigenschaftswechsel, sondern Herrschaftswechsel, weg von der Macht der Sünde unter die Herrschaft der Gnade Christi (WA 56,334,14–17). Die Gerechtigkeit Gottes ist nun für Luther nicht mehr eine *habitual* dem Menschen inhärierende Gerechtigkeit, die er im eschatologischen Gericht Gottes bewähren muß, sondern die fremde und äußere Gerechtigkeit Christi, die ihm allein im Glauben zuteil wird. Entsprechend ist der Mensch vor Gott Gerechter und Sünder zugleich, *simul iustus et peccator* (WA 56,272,17), gerecht *extra se (nos) in Christo*, Sünder in sich selbst.

(Mit der Gerechtigkeit Gottes) ist (es) gleich wie mit einem Kranken, dem Arzt, der ihm aufs gewisseste die Gesundheit verheißt, Glauben schenkt und in der Hoffnung auf die verheißene Genesung seinem Gebote gehorcht und sich inzwischen dessen enthält, was ihm verboten ist, daß er nicht die verheißene Gesundung gefährde und die Krankheit steigere, bis der Arzt erfüllt, was er verheißen hat. Ist dieser Kranke nun etwa gesund? Nein, er ist zugleich krank und gesund. Krank in Wirklichkeit, gesund aber kraft der gewissen Verheißung (ex certa promissione) des Arztes, dem er glaubt, der ihn schon gleichsam für gesund erklärt, weil er dessen gewiß ist, daß er ihn heilen wird. Denn er hat schon begonnen, ihn zu heilen, und er rechnet ihm darum die Krankheit zum Tode (die Erbsünde) nicht zu ... Ist nun (der Kranke) vollkommen gerecht? Nein, sondern er ist zu-

gleich ein Sünder und ein Gerechter (simul peccator et iustus); Sünder in
Wirklichkeit, aber gerecht kraft der Ansehung und der gewissen Verhei-
ßung Gottes (peccator rei vera, sed iustus ex reputatione et promissione
Dei certa), daß er ihn von der Sünde erlösen wolle, bis er ihn völlig heilt,
und so ist er vollkommen heil in der Hoffnung, in Wirklichkeit aber ist er
ein Sünder.

Die aus dem Glauben entspringende Hoffnung, im Endgericht vor
Gott trotz der Sünde zu bestehen, gründet in der *certa promissio*
Dei, d. h. in der gewissen Verheißung Gottes. Hier setzt sich Luther
von der prinzipiellen Heilsungewißheit seiner scholastischen
Schultheologie ab. Indem der Mensch allein *extra se* in Christus
bzw. in der gewissen Verheißung Gottes gerecht ist, muß er die Realität des Heils und der Gnade nicht mehr an sich selbst ablesen noch
in monastischer Selbstanalyse ergründen. Damit hat aber Luther
sich zu der reformatorischen Position durchgerungen, die ihm half,
seine Klosteranfechtungen zu überwinden und Schritt für Schritt
seine religiöse Identitätskrise zu beenden.

Was sich hier an reformatorischer Erkenntnis im konkreten Voll-
zug der Römerbriefvorlesung vollzieht, hat Luther in späteren Jahren immer wieder als sein reformatorisches Schlüsselerlebnis zusammengefaßt (vgl. WATR 3,32 [1538]; WATR 5.52,47 [1540];
WATR 5.55,18 [1542/43] und vor allem in der Vorrede zu seinen
Opera latina der Wittenberger Ausgabe von 1545, WA 54,
185,12 ff.). Aus diesen Berichten möchten wir zwei auswählen, die
fokusartig den Durchbruch der reformatorischen Erkenntnis, wenn
auch im Rückblick, beleuchten. So heißt es in einer Tischrede von
1532:

Die Worte »gerecht« und »Gerechtigkeit Gottes« wirkten auf mein Gewis-
sen wie ein Blitz; hörte ich sie, so entsetzte ich mich: Ist Gott gerecht, so
muß er strafen. Aber als ich einmal in diesem Turme und Gemache (ge-
meint ist eine geheizte Studierstube im Turm des Wittenberger Augusti-
ner-Eremiten-Klosters) über die Worte (Röm 1,17): »Der Gerechte wird
seines Glaubens leben« und »Gerechtigkeit Gottes« nachsann, dachte ich
alsbald: Wenn wir als Gerechte aus dem Glauben leben sollen und wenn
die Gerechtigkeit Gottes jedem, der glaubt, zum Heil gereichen soll, so
wird sie nicht unser Verdienst, sondern die Barmherzigkeit Gottes sein. So
wurde mein Geist aufgerichtet. Denn die Gerechtigkeit Gottes besteht da-

rin, daß wir durch Christus gerechtfertigt und erlöst werden. Nun wandel-
ten sich mir jene Worte in liebliche Worte. In diesem Turm hat mir der
Heilige Geist die Schrift geoffenbart.

Im Anschluß an diesen Text wird die reformatorische Entdeckung
Luthers immer wieder als Turmerlebnis beschrieben. Über den Zeitpunkt der Entdeckung sagt Luther in dieser Tischrede nichts, über
den Inhalt berichtet er, daß er an Röm 1,17 ein neues Verständnis
der Gerechtigkeit Gottes gewann. Hatte er bis dahin die Gerechtigkeit Gottes als strafende Gerechtigkeit verstanden, so lernt er sie
jetzt als Barmherzigkeit Gottes in Christus kennen, die den Glaubenden gerecht spricht. Denn die Gerechtigkeit Gottes besteht darin, daß wir durch Christus gerechtfertigt werden. Die Gerechtigkeit
ist nicht länger unser aufgrund der Gnade mögliches Verdienst, sondern die äußere Gerechtigkeit Christi, die wir allein im Glauben
empfangen. Diese Beschreibung der reformatorischen Erkenntnis
gibt Luther noch einmal ausführlicher in der Vorrede zu seinen *Opera latina*, Wittenberg 1545:

> *Inzwischen war ich in diesem Jahr (Ende 1518) zum Psalter zurückge-*
> *kehrt, um ihn von neuem auszulegen, im Vertrauen darauf, daß ich geüb-*
> *ter sei, nachdem ich St. Pauli Epistel an die Römer und Galater und He-*
> *bräer in Vorlesungen behandelt hatte. Ich war von einer gewiß wunderba-*
> *ren Glut ergriffen gewesen, Paulus im Römerbrief zu verstehen; allein*
> *dem war bisher im Wege gestanden nicht das kalte Blut in der Brust, son-*
> *dern ein einziges Wort in Kapitel 1,17:* »Die Gerechtigkeit Gottes wird
> *darin offenbart«. Ich haßte nämlich dieses Wort »Gerechtigkeit Gottes«,*
> *weil ich – nach Brauch und Gewohnheit aller Kirchenlehrer – unterwie-*
> *sen worden war, es philosophisch zu verstehen von der sog. formalen oder*
> *aktiven Gerechtigkeit, wonach Gott gerecht ist und die Sünder und Unge-*
> *rechten straft. Ich aber liebte den gerechten und die Sünder strafenden*
> *Gott nicht, ja ich haßte ihn; denn ich fühlte mich, so sehr ich auch immer*
> *als untadeliger Mönch lebte, vor Gott als Sünder mit einem ganz und gar*
> *ruhelosen Gewissen und konnte das Vertrauen nicht aufbringen, er sei*
> *durch meine Genugtuung versöhnt. So zürnte ich Gott, wenn nicht in ge-*
> *heimer Lästerung, so doch mindestens mit gewaltigem Murren, indem ich*
> *sagte: Nicht genug damit, daß die elenden und ewig verlorenen Sünder in-*
> *folge der Erbsünde mit Unheil aller Art durch das Gesetz der Zehn Gebote*
> *bedrückt werden, nein, Gott will (auch noch) durch das Evangelium auf*

den alten Schmerz neuen Schmerz häufen und auch durch das Evangeli-
um uns seine Gerechtigkeit und seinen Zorn drohend entgegenhalten. So
raste ich mit wütendem und verstörtem Gewissen, und doch schlug ich
mich an jener Stelle rücksichtslos mit Paulus herum, da ich glühend da-
nach lechzte zu wissen, was St. Paulus wolle. Solange bis ich endlich un-
ter Gottes Erbarmen, tage- und nächtelang nachdenkend, meine Aufmerk-
samkeit auf den (inneren) Zusammenhang der Worte richtete, nämlich
»die Gerechtigkeit Gottes wird darin offenbart«, wie geschrieben steht,
und: »Der Gerechte lebt aus dem Glauben«, – da begann ich die Gerech-
tigkeit Gottes verstehen zu lernen als die Gerechtigkeit, in der der Gerech-
te durch Gottes Geschenk lebt, und zwar aus dem Glauben, und ich fing
an zu verstehen, daß dies die Meinung ist, es werde durchs Evangelium
die Gerechtigkeit Gottes offenbart, nämlich die passive, durch welche uns
der barmherzige Gott gerecht macht durch den Glauben, wie geschrieben
steht: »Der Gerechte lebt aus dem Glauben.« Hier fühlte ich mich völlig
neugeboren und als wäre ich durch die geöffneten Pforten ins Paradies
selbst eingetreten. Da zeigte mir sogleich die ganze Schrift ein anderes Ge-
sicht. Darauf durchlief ich die Hl. Schrift, wie's das Gedächtnis mit sich
brachte, und sammelte auch in anderen Ausdrücken die entsprechende
Übereinstimmung, wie z. B. »Werk Gottes«, d. h.: das Werk, das Gott in
uns schafft; »Kraft Gottes«, durch welche er uns kräftig macht; »Weisheit
Gottes«, durch welche er uns weise macht; »Stärke Gottes«, »Heil Got-
tes«, »Ehre Gottes«. So groß mein Haß war, womit ich das Wort »Gerech-
tigkeit Gottes« gehaßt hatte, so groß war jetzt die Liebe, mit der ich es als
allersüßestes Wort rühmte. So ist mir diese Stelle des Paulus wahrhaftig
zu einer Pforte des Paradieses geworden. Später las ich Augustin »Vom
Geist und vom Buchstaben«, wo ich wider Erwarten darauf stieß, daß
auch er die Gerechtigkeit Gottes ähnlich auslegt: als diejenige, mit der
uns Gott bekleidet, indem er uns rechtfertigt. Und obwohl dies noch un-
vollständig gesagt ist und Augustin über die Zurechnung (der Gerechtig-
keit Christi) nicht alles klar entwickelt, so wollte er doch, daß Gottes Ge-
rechtigkeit gelehrt wurde, durch die wir gerechtfertigt werden.

Dieser umfassende Bericht präzisiert noch einmal Luthers Selbst-
aussagen über seine reformatorische Entdeckung. Darin stellt Luther folgendes fest: 1.) Er erkennt anhand von Röm 1,17, daß die Gerechtigkeit Gottes nicht die philosophisch ausgelegte formale und
aktive Gerechtigkeit ist, mit der Gott den Sünder straft, sondern die

passive Gerechtigkeit, durch welche uns der barmherzige Gott gerecht macht durch den Glauben, wie geschrieben steht: »Der Gerechte lebt aus Glauben.« 2.) Er findet eine Bestätigung bei Augustin, und zwar in dessen antipelagianischer Schrift *De spiritu et littera*. Hier lehrt auch Augustin ein kausatives Verständnis von Gerechtigkeit, d. h. die Gerechtigkeit Gottes ist die, durch die uns Gott gerecht macht. Allerdings bleibt die Augustinische Aussage unvollständig, weil er nach Luther noch nicht alles richtig von der Zurechnung Gottes lehrt. Denn nach Augustin wird dem Menschen in der Taufe oder in der Buße in Gestalt der Sündenvergebung die Gerechtigkeit Gottes nur am Anfang zugerechnet, dann aber ist sie identisch mit der Gnade oder der Liebe, durch die Gott gerecht macht, indem er den Willen heilt zu verdienstlichem Werk. Für Luther dagegen wird die fremde Gerechtigkeit Christi dem Glaubenden sein ganzes Leben lang zugerechnet, in ihr ist er im Glauben vor aller Praxis als ganzer und ein für allemal gerecht. 3.) Das Evangelium fordert nicht die Gerechtigkeit, zu der es als *nova lex*, d. h. als Gnade instandsetzt, sondern ist Offenbarung der passiven Gerechtigkeit aus Gott im Wort Gottes. 4.) Die Entdeckung der Gerechtigkeit des Glaubens öffnete Luther die Pforten des Paradieses. 5.) Von ihr her versteht er nun die das Handeln Gottes in der Schrift bezeichnenden Vokabeln neu. 6.) Zum Zeitpunkt erfahren wir, daß Luther Ende 1518 zur Auslegung der Psalmen zurückgekehrt ist, nachdem er durch die Paulus-Exegese im Blick auf das Verständnis der Gerechtigkeit Gottes geübter geworden ist.

Gerade diese Bemerkung zum Zeitpunkt der reformatorischen Entdeckung hat in der Forschung zu zwei Grundrichtungen geführt, der sog. Frühdatierung der reformatorischen Entdeckung im Römerbrief 1515/16 (E. Hirsch, E. Vogelsang, G. Ebeling, R. Prenter, H. A. Oberman, L. Grane, B. Lohse, R. Schwarz) oder der Spätdatierung 1518 (E. Bizer, O. Bayer, K. Aland, M. Brecht). Für die einen entdeckt Luther die Gerechtigkeit Gottes aus Glauben während der Paulus-Exegese, für die anderen nach der Paulus-Exegese zu Beginn der 2. Psalmenvorlesung (1518–1521). Nun scheint mir die sachliche Übereinstimmung mit seiner Exegese von Röm 1,17 (1515/16) sowie die auch dort erfolgende Berufung auf Augustins *De spiritu et littera* und die umfassende Auseinandersetzung mit der scholastischen Schultheologie in der Römerbriefvorlesung für die Frühdatierung zu sprechen. Allerdings wird man festhalten müssen, daß sich Luther bei der exegetischen Entdeckung der Gerechtigkeit Gottes anhand von Röm 1,17 noch nicht völlig der Folgen dieser Entdeckung bewußt war. Entsprechend ist es auch nicht verwunderlich, daß seine Theologie immer noch spätmittelalterliche Gedanken enthält, die er nun Stück für Stück abstreift.

Es konnte nicht ausbleiben, daß Luthers Auseinandersetzung mit der scholastischen Theologie in der Römerbriefvorlesung an der Universität Wittenberg öffentliches Interesse erregte. Luther griff deshalb zu dem bewährten Mittel der Universität, d.h. der wissenschaftlichen Disputation, um über seine Auseinandersetzung mit der scholastischen Theologie zu diskutieren. Er bat seinen Schüler Bartholomäus Bernhardi anläßlich dessen Examen zum Sententiar, einige Thesen *De viribus et voluntate hominis sine gratia* im Sinne seiner Römerbriefvorlesung 1516 zu verfassen. Zur Beweisführung der Thesen wird außer der Bibel wieder vor allem das antipelagianische Schrifttum Augustins verwendet und der Gedanke abgewiesen, der Mensch könne ohne die Gnade in irgendeiner Weise die Gebote Gottes erfüllen oder sich auf die Gnade vorbereiten. »Der Wille ist nicht frei, sondern ein Sklave des Bösen, weshalb der Mensch, wenn er tut, was in ihm ist, nur sündigen kann.« Damit hatte Luther deutlich das *facere quod in se est* der semipelagianischen Theologie seiner Erfurter Lehrer und namentlich Gabriel Biels abgewehrt. Diese Disputation löste im Winter 1516/17 wohl weitere Diskussionen aus. Namentlich begann eine intensive Debatte um das Verständnis Augustins. Luthers Fakultätskollege Karlstadt setzte sich zum Ziel, Augustin gegen Luther zu verteidigen. Doch führte ihn die Lektüre des antipelagianischen Augustin zu der Einsicht, daß Luther in seiner Paulus-Exegese zu Recht auf Augustin zurückgriff, was Karlstadt in 151 Thesen vom 26.4.1517, in denen er selbst unter Berufung auf Augustin zum Angriff gegen die Scholastik überging, zum Ausdruck brachte.

Auf der gleichen Linie der Abgrenzung von der scholastischen Theologie lag auch Luthers Disputation *Contra scholasticam theologiam* vom 4.9.1517 anläßlich der Promotion Franz Günthers zum *baccalaureus biblicus*. Diesen Thesen liegt ein erneutes Studium von Gabriel Biel zugrunde, das uns durch eine Reihe von Randbemerkungen in einer Ausgabe von Biels »Sentenzenkommentar« aus dem Jahre 1514 bezeugt wird. Nun wendet sich Luther auf der Basis von Paulus und Augustin gegen den scholastischen Aristotelismus, d. h. weniger gegen Aristoteles selbst als gegen dessen scholastische Rezeption. Aristoteles hatte die menschliche Seele als eine beschrieben, die in ihrem Geist ihr Ziel (Entelechie), das zugleich ihr Wesen ausmacht, schaut, und dieses Ziel erreicht, indem sie es in tugendhaften Akten realisiert. Der Mensch kommt nach Aristoteles erst zu seinem Wesen, wenn er sich in sittlich guten Akten, in Tugenden, verwirklicht. Wie eine Pflanze ihre Entelechie, ihr Wesen, verwirklicht, indem aus dem Keim der Baum entsteht, der aber schon im Keim angelegt ist, so verwirklicht sich der Mensch zu seinem wahren Sein, indem er sein in seinem Geist geschautes Wesen in sittlicher Praxis realisiert. Entsprechend wird auch der Mensch gerecht, indem er häufig gerechte Akte ausführt.

Indem die scholastische Gnadenlehre diese Anschauung Aristoteles' rezipierte, lehrte auch sie, daß der Mensch vor Gott gerecht werde durch gerechte Akte. Im Unterschied zu Aristoteles aber führte sie aus, daß er dabei durch die Gnade ständig unterstützt werde und daß ihn die Gerechtigkeit nicht nur auf ein innerweltliches Ziel ausrichte, sondern zugleich auf sein ewiges Ziel, die ewige Glückseligkeit, von der der Heide Aristoteles natürlich noch nichts wissen konnte. Gott schafft zwar den Menschen ohne den Menschen, er rechtfertigt ihn aber nicht ohne den Menschen. Das lehrte man seit Augustin, doch mit dem Unterschied, daß nun das Wesen des Menschen mit Kategorien der aristotelischen Seelenlehre beschrieben wurde, so daß Gott den Menschen so rechtfertigt, daß er seine Gnade in eine, dem menschlichen Wesen entsprechende Seinsordnung, d. h. in das Zusammenspiel von Vernunft und Willen im sog. freien Willen eingießt. Damit wird aber die Seinsweise der Gnade in uns abhängig von deren sittlicher Realisation bzw. vom verdienstlichen Handeln. Hatte Luther schon in seiner Exegese von Röm 1,17 sein neues Verständnis der Gerechtigkeit Gottes ausdrücklich von dem aristotelischen abgesetzt, so setzt er nun den Kampf gegen den scholastischen Aristotelismus, d. h. gegen die Gnadenlehre sowohl seiner Erfurter Schultheologen als auch der Theologen der Hochscholastik fort. Entsprechend formuliert er scharf: Tota fere Aristotelis ethica pessima est gratiae inimica. contra scholast. (These 41). Es sei deshalb auch ein Irrtum zu sagen, »daß die aristotelische Theorie über

das Glück des Menschen der *doctrina catholica* nicht widerstreite«
(These 42). Ebenso irre, wer sage: *Sine Aristotele non fit theologus*
(These 43). Vielmehr gelte, *immo theologus non fit nisi fiat sine Aristotele* (These 44). Die aristotelische Ethik und deren Ontologie er-
wies sich für Luther als ungeeignet, seine neue, an Paulus und Augustin gewonnene Gnadenlehre zu interpretieren.

Vom Ablaßstreit 1517 bis zum Wormser Reichstag 1521

In einer weiteren wissenschaftlichen Disputation wollte Luther die
unklare Ablaßtheorie der Kirche seiner Zeit klären und schlug dazu
am 31.10.1517, am Vortag des Allerheiligenfestes, an die Tür der
Wittenberger Schloßkirche 95 Thesen über den Ablaß an. Am gleichen Tag schickte er diese Thesen zusammen mit einem persönlichen Brief an den Erzbischof Albrecht von Mainz, der in seinen mit
der Diözese Mainz verbundenen Diözesen Magdeburg und Halberstadt den 1506 von Papst Julius II. (1503–1513) zum Neubau der
Peterskirche in Rom ausgeschriebenen Plenarablaß durch den Dominikaner Tetzel verkaufen ließ. Am selben Tage sandte Luther die
Thesen zusammen mit einem Brief auch an Hieronymus Schulze,
dem Bischof von Brandenburg, zu dessen Diözese Wittenberg gehörte. Da Martin Luther in seinem späteren Werk das Datum des
Thesenanschlags nicht ausdrücklich erwähnt, hat der katholische
Kirchenhistoriker E. Iserloh die These vertreten, daß Luther seine
95 Thesen gar nicht am 31.10.1517 an die Tür der Schloßkirche zu
Wittenberg angeschlagen habe. Er habe sie vielmehr nur den genannten Bischöfen geschickt, um deren Urteil über das Ablaßwesen
abzuwarten. Erst als diese nicht oder nur unbefriedigend geantwor-
tet hätten, habe er die Thesen auch an Gelehrte in und außerhalb
Wittenbergs verteilt, um zu der in Aussicht genommenen Disputation einzuladen. In zwei Äußerungen zum allgemeinen Beginn des
Ablaßstreites (WA 1,528,18 ff. und WAB 1,245,358 ff.) läßt Luther
zwar einen gewissen zeitlichen Abstand zwischen seinen Briefen an
die Bischöfe und der Verbreitung seiner Thesen erkennen, doch
folgt daraus nicht, daß er die Thesen am 31.10.1517 zum Zwecke
der Disputation nicht an der Wittenberger Schloßkirche angeschlagen hat. Dieses Datum ist später ausdrücklich von Melanchthon in

der Vorrede des zweiten Bandes zu den Werken Luthers von 1546 bezeugt worden. Und es ist kaum anzunehmen, daß Melanchthon dieses Datum erfunden hat. Am 11.11.1517 (WAB 1,121 f.) sendet Luther die 95 Thesen auch an seinen Ordensbruder Johannes Lang in Erfurt und setzt bereits voraus, daß die Thesen dort bekannt waren. Auch erwähnt er in seinem Brief an Johannes Lang sein Schreiben an die Bischöfe oder ein Warten auf deren Reaktion nicht. Luther wird also in der Tat am Tag vor Allerheiligen, dem Wittenberger Universitätssus gemäß seine Thesen an die Tür der Schloßkirche angeschlagen haben. Er sah sich zu der Disputation über den Ablaß veranlaßt, weil seine Beichtkinder in der Wittenberger Stadtkirche sich auf Ablaßbriefe beriefen, die sie in den Städten Jüterbog oder Zerbst erworben hatten, wo Fürstbischof Albrecht von Mainz u. a. in Brandenburg den Petersablaß durch den Dominikanermönch Johannes Tetzel verkaufen ließ. Die beiden Wettiner, Kurfürst Friedrich der Weise und Herzog Georg von Sachsen, hatten dagegen den Verkauf des Petersablasses in ihren Gebieten verboten.

Nach mittelalterlicher Kirchenlehre wird im Bußsakrament zwar mit der Sündenschuld auch die ewige Sündenstrafe der Verdammnis vergeben, jedoch nicht von Gott auferlegte zeitliche Sündenstrafen, die der Läuterung des Sünders dienen. Die Vorstellung der zeitlichen Sündenstrafen verknüpfte sich im Mittelalter mit der Praxis der kirchlichen Bußstrafen, die den Gläubigen in der Beichte vom Priester auferlegt wurden und mit denen er durch fromme Werke die zeitlichen Sündenstrafen abtragen konnte. Im Ablaßgeschäft aber gewährte die Kirche den Erlaß kirchlicher Bußstrafen.

In der Geschichte der Ablaßtheorie hatte die Kirche zunächst für Teilnahme an einem Kreuzzug, dann für Geldspenden zugunsten eines bestimmten Kreuzzuges Ablaß in Aussicht gestellt. 1300 erließ Bonifaz VIII. den sog. Jubelablaß, der denen gewährt wurde, die in einem zum Jubiläumsjahr erklärten Jahr in Rom die Gräber der Apostel Petrus und Paulus besuchen. Bonifaz VIII. verordnete, daß ein solches Jubiläum nur alle 100 Jahre stattfinden dürfe. Diese Frist wurde immer mehr ermäßigt, und schließlich wurde es immer mehr möglich, für Geld Plenar- oder Partikularablässe zu erwerben.

Papst Julius II. erließ 1506 einen Plenarablaß, um damit den Neubau der Peterskirche in Rom zu finanzieren. In Deutschland beauftragte er Albrecht von Mainz mit dem Verkauf dieses Plenarablasses und räumte ihm die Möglichkeit ein, die Hälfte des Ablaßertrages für die Tilgung eines bei den Fuggern aufgenommenen Darlehens von 29000 Goldgulden zu verwenden, aus dem Albrecht von Mainz die mit der Übernahme des Mainzer Erzbistums fälligen Servitien- und Palliengelder in Höhe von 14000 Dukaten an die Kurie gezahlt hatte. Ferner mußte er 10000 Dukaten für die Kumulation des Erzbistums Mainz mit den Diözesen von Magdeburg und Halberstadt an Rom zahlen, da diese dem geltenden Kirchenrecht widersprach.

Hatte sich Luther auch schon vorher immer wieder kritisch zum Ablaß geäußert, so sah er mit dem Verkauf des Petersablasses nun einen Anlaß gegeben, die Ablaßtheorie und deren Praxis durch eine wissenschaftliche Disputation zu klären. Es störte ihn dabei nicht nur der römische Fiskalismus, sondern vor allem die Veräußerlichung der Buße zu einer Geldleistung. Im Sinne seiner neuen reformatorischen Erkenntnis hatte der Gläubige mit der ihn rechtfertigenden Gerechtigkeit Christi zugleich die Vergebung aller seiner Sünden und Nachlaß aller göttlichen Strafen. Zugleich war ihm das neue Leben des Gerechtfertigten im Sinne der biblischen *metanoia* als ganzes Buße in der täglichen Abkehr von der zwar vergebenen, aber immer noch bleibenden Macht der Erbsünde. Entsprechend betont Luther in der 1. These seiner Ablaßthesen: »Unser Herr und Meister Jesus Christus hat mit seinem Wort ›Tut Buße usw.‹ gewollt, daß das ganze Leben des Glaubenden (nichts als Buße) sein solle.« Entsprechend führt Luther in den Thesen 1–4 aus, daß die evangelische Buße das ganze Leben des Christen umfaßt. Der Papst kann, wenn überhaupt, nur von ihm auferlegte kirchliche Bußstrafen erlassen (These 5–8). Seine kirchliche Strafgewalt hat am Tod ihre Grenze (These 8–13). Außerdem hat der Papst keine Gewalt über Fegefeuerstrafen, er kann den Verstorbenen Ablaß nur in Gestalt der Fürbitte *(per modum suffragii)* zuwenden (These 8–29). Was den Ablaß für die Lebenden angeht, so kann er keine Heilsgewißheit vermitteln, außerdem hat der wahrhaft Reuige Sündenvergebung und Nachlaß der Strafen auch ohne Ablaß (These 36–40). Ausdrücklich stellt Luther in These 36 fest: »Jeder Christ, ohne Ausnahme, der wahrhaft Reue empfindet, hat völlige Vergebung von Strafe und Schuld, die ihm auch ohne Ablaßbriefe gebührt.« Die guten Werke stehen in Wahrheit über dem Ablaß und sind nicht mit ihm zu verwechseln. Die Thesen 43–55 stellen fest, daß die Predigt des Evangeliums Vorrang vor aller Ablaßpredigt hat. Damit wendet sich Luther gegen Bestimmungen der Ablaßinstruktion, nach der an einem Ort, an dem jeweils der Ablaß verkauft wurde, die Ablaßpredigten Vorrang vor jeder anderen Predigt hatten. Schließlich bringt Luther zur Geltung, daß der wahre Schatz der Kirche *(thesaurus ecclesiae)* das Evangelium ist und daß die herrschende Ablaßpredigt dem Evangelium widerspricht (These 69–80). Ausdrücklich heißt es in These 62:»Der wahre Schatz der Kirche ist das hochheilige Evangelium der Ehre und Gnade Gottes.« Damit wendet sich Luther gegen einen Kernpunkt der geltenden Ablaßtheorie, nämlich die um 1230 von Hugo von St. Cher entwickelte Theorie vom *thesaurus ecclesiae*, vom Schatz der überschüssigen guten Werke Christi und der Heiligen, die die Kirche in Gestalt des Ablasses veräußern konnte. Papst Clemens VI. erhob diese Theorie zur offiziellen Lehre in der Bulle *Unigenitus* vom 27.1.1343. Die Thesen 81–91 fassen schließlich Bedenken der Laien zusammen. So fragt These 86: »Warum baut der Papst, dessen Vermögen heute größer ist als das des allerreichsten Crassus, nicht wenigstens die eine Kirche des Hl. Petrus lieber von seinem eigenen Geld als von dem der armen Gläubigen?« Die Thesen 92–95 stellen schließlich den falschen Frieden des Ablasses dem wahren Frieden des Kreuzes Christi gegenüber.

Luthers Thesen fanden in Deutschland eine schnelle Verbreitung. Noch Ende 1517 wurden sie in Leipzig, Nürnberg und Basel gedruckt. In Nürnberg wurde schließlich auch eine deutsche Übersetzung der Thesen erstellt. In Luthers eigenem Orden nahm man die Thesen zunächst mit Zurückhaltung auf. Der Prior Ulrich Adam kam eigens zu Luther, um ihn zu beschwören, den Orden ja nicht in Schande zu bringen. Der Ablaßprediger Tetzel prahlte, als ihm wohl noch im November 1517 in Berlin die Thesen vom Bischof von Brandenburg vorgelegt wurden:»Der Ketzer soll mir in drei Wochen ins Feuer geworfen werden und in einem Badehude gen Himmel fahren« (d.h. seine Asche soll in einem Badehude gesammelt und ins Wasser geworfen werden). Luther, der mit dieser Wirkung seiner Thesen nicht gerechnet hatte, verfaßte in der Zeit von Februar bis Mai 1518 zu ihnen einen ausführlichen Kommentar, die sog. *Resolutiones disputationum de indulgentiarum virtute* und legte ihn seinem zuständigen Bischof Hieronymus Schulze von Brandenburg vor, mit der Bitte, alles was ihm darin anstößig erscheine, zu streichen, ja, wenn es ihm beliebe, gleich das ganze Manuskript ins Feuer zu werfen. Der Bischof antwortete ausweichend und ließ Luther mitteilen, daß er zur Zeit nicht in der Lage sei, die Schrift zu prüfen. Luther schrieb währenddessen bereits eine neue Schrift gegen den Ablaß und veröffentlichte Ende März seinen deutschen »Sermon von Ablaß und Gnade«. Nun lehnt Luther den Ablaß ausdrücklich ab und stellt fest, daß es sein Wille und seine Bitte sei, daß niemand mehr Ablaß löse, denn er sei weder geboten noch geraten, weder verdienstlich noch ein Werk des Gehorsams, sondern im Gegenteil eine Versuchung, sich dem schuldigen Gehorsam zu entziehen.

Im März 1518 erhielt Luther zwei scharfe Kritiken seiner Ablaßthesen, nämlich die auf dem Dominikanerkapitel 1518 im Januar in Frankfurt a.O. diskutierten Gegenthesen des Dominikaners Tetzel, die der Rektor der Universität Frankfurt a.O., Konrad Wimpena, formuliert hatte, und handschriftliche Glossen, die der Ingolstädter Theologieprofessor Johann Eck gegen Luther geschrieben hatte, die sog. *Obelisci*. Die Thesen Tetzels störten Luther wenig, auf Ecks *Obelisci* reagierte Luther mit Gegenanmerkungen in seinen sog. »Sternchen« oder *Asterisci*. Inzwischen wurde Luther wegen seiner Ablaßthesen auch offiziell in Rom angeklagt, und zwar im Januar 1518 durch die Dominikaner und Ende 1517 durch Erzbischof Albrecht von Mainz, der Luthers Thesen der Kurie in Rom zur kritischen Begutachtung vorgelegt hatte. Der in Rom ansässige Ordensgeneral der Augustiner-Eremiten suchte zunächst keinen Prozeß gegen Luther, sondern wollte, wie Luther es selbst intendiert hatte, den Ablaßstreit auf dem Wege einer theologischen Disputation bereinigen. So forderte er den deutschen Generalvikar des Augustiner-Eremitenordens Johannes von Staupitz auf, Luther zurechtzuweisen und ihn theologisch zur Rechenschaft zu ziehen. Staupitz, der Beichtvater und Freund Luthers, kam dieser Aufforderung nach, indem er Luther bat, am 26.4.1518 auf dem Generalkapitel der deutschen Augustiner-Eremiten in Heidelberg seine neue, die Ablaßkritik begründende reformatorische Theologie vorzutragen. So kam es zu der berühmten Heidelberger Disputation Luthers vom 26.4.1518, auf der Luther zum erstenmal vor einer außersächsischen Universität zusammenfassend das Reformprogramm seiner

Wittenberger Theologie umriß und dieses auf die Alternative von *theologia crucis und theologia gloriae*, d.h. einer Theologie des Kreuzes und einer Theologie der Herrlichkeit brachte. In der Disputation, die am 26.4.1518 im Hörsaal der artistischen Fakultät der Universität Heidelberg stattfand, legte Luther 28 theologische und 12 philosophische Thesen vor, die jedoch nicht auf die Ablaßfrage, sondern auf die hinter der Ablaßfrage stehende Theologie eingingen. In These 1 – 12 stellte Luther heraus, daß weder das Gesetz noch die Werke den Menschen zur Gerechtigkeit vor Gott führen können. In These 3 formulierte Luther provozierend: »Die Werke des Menschen, wie strahlend sie auch sein mögen, sind doch sehr wahrscheinlich Todsünden«. Damit lehnte er nicht die guten Werke des Christen ab, wohl aber wandte er sich dagegen, sie als Vertrauensgrund vor Gott zu mißbrauchen und das eigene Sündersein vor Gott zu verleugnen und zu verdrängen. Die Thesen 13–18 zeigen schließlich, daß nicht nur die äußeren Bedingungen der Rechtfertigung, d.h. Gesetz und Werke versagen, sondern auch deren innere Bedingung, der sog. freie Wille, denn nach These 13 gelte, *librum arbitrium post peccatum res est de solo titulo, et dum facit quod in se est, peccat mortaliter*, d.h. der freie Wille ist nach dem Sündenfall eine bloß verbale Sache und wenn jemand tut, was in ihm ist (um die Gnade zu verdienen), der sündigt tödlich. Schärfer konnte Luther seine neue Rechtfertigungserkenntnis anthropologisch nicht mehr zuspitzen. Das Heil, die fremde Gerechtigkeit Gottes in Christus, ist so sehr allein Sache Gottes, daß sie in keiner Weise Gegenstand des freien Willens ist, schon gar nicht eines freien Willens wie die nominalistische Theologie ihn in der Vorstellung vom *facere quod in se est* in Anspruch nahm. Das Heil Gottes ist Gottes eschatologische Tat und nicht die innere materiale Gerechtigkeit, die aus dem Zusammenspiel von freiem Willen und Gnade im Menschen zustande kommt. Den hinter diesen Thesen stehenden theologischen Begründungszusammenhang bringt Luther dann in den Thesen 19–24 auf die Unterscheidung von *theologia crucis und theologia gloriae*.

(These 19) Nicht der wird mit Recht ein Theologe genannt, der die unsichtbaren Dinge Gottes durch das, was geschaffen ist, versteht und anschaut, (These 20) sondern derjenige, der die sichtbaren und geringen Dinge Gottes durch Kreuz und Leiden anschaut und versteht. (These 21) Der Theo-

loge der Herrlichkeit nennt das Böse (der Werke) gut und das Gute (des Kreuzes) böse, der Theologe des Kreuzes aber nennt die Sache so, wie sie ist. (These 22) Jene Weisheit, welche die unsichtbaren Dinge Gottes aus den Werken versteht und anschaut, bläht ganz und gar auf, verblendet und verhärtet. (These 23) Und das Gesetz wirkt den Zorn Gottes (Röm 4,15), es tötet, verflucht, macht schuldig, richtet und verdammt alles, was nicht in Christus ist. (These 24) Aber jene Weisheit ist (an sich) nicht schlecht, noch ist das Gesetz zu fliehen, sondern der Mensch selbst gebraucht ohne die Theologie des Kreuzes (theologia crucis) die besten Dinge am allerschlechtesten.

Was der Mensch vor Gott ist und gilt, wird in der Ohnmacht des Kreuzes Christi offenbart. Gott richtet im Kreuz die Sünden und macht den Menschen als Sünder offenbar. Diese Erfahrung ist aber etwas Gutes und darf nicht durch die auf die Werke pochende scholastische *theologia gloriae* als etwas Böses oder Schlimmes dargestellt werden. Denn nicht die guten Werke führen zum Heil, sondern allein die im Kreuz Christi offenbare Gnade Gottes. So entzieht sich Gott nach Luther den moralischen Herrschaftsakten des Menschen, aber nicht nur diesen, sondern auch den rationalen, denn seine Weisheit wird nicht erkannt, indem der Verstand hinter dem Sichtbaren das unsichtbare Wesen Gottes erkennt, sondern allein im Kreuz Christi, in dem Gott seine Gnade offenbart, eben jene fremde Gerechtigkeit Christi, die den Menschen allein zu retten vermag. Der Theologe des Kreuzes beschreibt deshalb die Realität so, wie sie ist. Er ist ein Realist aufgrund der Offenbarung Gottes. Wird aber der Mensch allein durch die im Kreuz offenbare Gerechtigkeit Gottes gerettet, so gilt gegen Aristoteles (These 25): »Nicht der ist gerecht, der viel wirkt, sondern der, wer ohne Werke viel an Christus glaubt.« Entsprechend beendet Luther seine theologischen Thesen (28): »Die Liebe Gottes findet nicht, sondern schafft sich ihren liebenswerten Gegenstand. Die Liebe des Menschen aber entsteht aus dem, was liebenswert ist.« Denn der Gegenstand der Liebe Gottes ist nicht der heilige Mensch, sondern der Sünder, den sie selbst zum liebenswerten Gegenstand, d. h. zum gerechtfertigten Sünder macht. Von dieser theologischen Basis aus vollzieht Luther in weiteren 12 philosophischen Thesen eine Kritik des scholastischen Aristotelismus und stellt in der These 29 die hermeneutische Weisung voran:

»Wer ohne Gefahr in Aristoteles philosophieren will, für den ist es notwendig, daß er zuvor in Christus ein Tor wird«, d.h. wer sich durch das Kreuz Christi im Sinne von 1 Kor 1,18ff. seine moralischen und rationalen Herrschaftsakte über Gott zerbrechen läßt, der ist frei und kann wahrhaft kritisch mit der Philosophie und den in ihr sich artikulierenden Möglichkeiten menschlicher Rationalität umgehen. Die Disputation löste heftige Kontroversen aus, namentlich konnte sie Luthers Lehrer Trutvetter und Usingen nicht überzeugen, sie gewann aber junge süddeutsche Theologen wie Brenz, Billikan, Ebner, Schnepf und Martin Bucer für die Sache der Wittenberger Theologie.

Anfang Mai reiste Luther von Heidelberg nach Wittenberg zurück. Am 19.5.1518 sandte er seine *Asterisci*, seine Gegenthesen zu Ecks *Obelisci*, nach Ingolstadt. Kurz vorher hatte bereits Karlstadt 406 Thesen veröffentlicht, in denen er ohne Luthers Wissen auch Johannes Eck scharf angegriffen hatte. Luther bat jedoch Eck, mit Karlstadt nicht rauh umzugehen, und um Verständigung. Zur gleichen Zeit veröffentlichte Luther eine lateinische Bearbeitung von Predigten über die Zehn Gebote und eine zweite Ausgabe der sog. *Theologia deutsch*, die er zum erstenmal im Mai 1516 ediert hatte. Diese Schrift entstammt der deutschen Mystik und ist wahrscheinlich um 1400 von einem unbekannten Priester des Frankfurter Deutschherrenhauses verfaßt worden. Wie in der deutschen Mystik Taulers so sieht Luther auch hier den Gedanken der Passivität des Menschen vor Gott betont, den er selbst in seinem Begriff der Gottesgerechtigkeit als *iustitia passiva* eingebracht hatte. Im übrigen sieht er in dieser deutsch formulierten Theologie ein Gegenbild gegen die lateinische, von Rom bestimmte Weise des theologischen Denkens. So schreibt er in seiner Vorrede zur *Theologia deutsch*: »Unsere Gegner ›werden‹ wie vormals sagen, wir seien deutsche Theologen. Das lassen wir so sein, ich danke Gott, daß ich in deutscher Zunge meinen Gott also höre und finde, als ich und sie mir bisher nicht gefunden haben weder in lateinischer, griechischer noch hebräischer Zunge. Gott gebe, daß dieser Büchlein mehr an den Tag kommen, so werden wir finden, daß die deutschen Theologen ohne Zweifel die besten Theologen seien« (WA 1,379,7–12). Ähnlich hatte er zuvor schon den deutschen Mystiker Johannes Tauler gelobt, wenn er schreibt: »Ich habe mehr in ihm ... von wahrer

Theologie gefunden als in allen scholastischen Doktoren aller Universitäten zusammen« (WA 1,557,29–31). In dieser Zeit sieht Luther noch in der deutschen Mystik und in seiner Theologie des Kreuzes verwandte Gedanken, doch zeigt sich bald der Unterschied zu dieser Theologie darin, daß Luthers Theologie des Kreuzes nicht eine Theologie mystischer Innerlichkeit ist, sondern sich an dem Wort vom Kreuz, d. h. an der Offenbarung Gottes orientiert.

Während sich im März 1518 in Heidelberg die Augustiner-Eremiten im wesentlichen hinter Luther gestellt hatten, klagten im selben Monat die sächsischen Dominikaner Luther in Rom wegen Ketzerei an. Diese Anklage wurde durch ein Generalkapitel der Dominikaner im Mai 1518 in Rom verstärkt. Leo X. forderte daraufhin zunächst Sylvester Prierias, einen römischen Hoftheologen, zu einem Gutachten über Luthers Thesen auf, das jener im Juni 1518 mit dem Titel *In praesumptuosas Martini Lutheri conclusiones de potestate pape dialogus* erstellte. Diese schnell hingeschriebene Schrift stellte mit Recht als das zentrale Problem die Frage der Autorität von Kirche und Papst heraus. Doch betonte sie die Unfehlbarkeit des Papstes stärker als dies dogmatisch abgesichert war und differenzierte nicht genügend zwischen dogmatisch verbindlicher Lehre und kirchlicher Ablaßpraxis. Noch im Juni 1518 wurde der *dialogus* gedruckt und einem Schreiben beigelegt, mit dem Anfang Juli der oberste Richter der Kurie, der Jurist Chenucci, Luther aufforderte, binnen 60 Tagen nach Empfang dieses Schreibens persönlich in Rom zu erscheinen, um sich wegen der ihm zur Last gelegten Vergehen und Ketzereien zu verantworten. Luther erhielt diese Vorladung durch Kardinal Cajetan am 7.8.1518, der seit Juli 1518 als päpstlicher Legat auf dem Reichstag in Augsburg weilte, um die deutschen Stände für den Türkenkrieg zu gewinnen. Es gelang aber Luthers Landesherrn, Kurfürst Friedrich dem Weisen, so auf die römische Kurie einzuwirken, daß Luthers Verhör nach Augsburg vor Kardinal Cajetan verlegt wurde. In einem Breve vom 23.8.1518 ermächtigte Papst Leo X. den Kardinal, Luther in Augsburg zu verhören. So kam es vom 12. bis 14.10.1518 zum Verhör Luthers vor dem Kardinal Cajetan in Augsburg.

Cajetan bot günstige Voraussetzungen, Luther für die Kirche zurückzugewinnen. Er hatte selbst 1517 über den Ablaß geschrieben und festgestellt, daß in der Ablaßtheorie die Meinungen der Kanonisten und Theologen zu sehr voneinander abwichen. Seine Ansichten über den Ablaß waren gemäßigt. Für ihn konnte der Ablaß nicht bloßer Nachlaß von Kirchenstrafen sein, sondern auch von Strafen befreien, die wir vor der göttlichen Gerechtigkeit für unsere Sünden erwirkt haben. Als Luther am 12. 10. 1518 im Fugger-Haus in Augsburg vor dem Kardinal Cajetan erschien, forderte dieser von ihm drei Dinge: 1. Seine Irrtümer zu widerrufen, 2. sie nicht weiter zu lehren und 3. sich aller Umtriebe zu enthalten, durch die der Friede der Kirche gestört würde. Als Luther ihn bat, seine Irrtümer konkret anzugeben, wies der Kardinal zunächst auf die 58. Ablaßthese hin, in der Luther behauptet hatte, der Schatz der Kirche, aus dem der Papst den Ablaß austeile, sei nicht die Verdienste Christi und der Heiligen, denn diese bewirkten immer, auch ohne den Papst, Gnade für den inneren Menschen, Kreuz, Tod und Hölle aber für den äußeren Menschen. Als Cajetan ausführte, Luthers 58. These sei durch die Bulle *Unigenitus* von Clemens VI. widerlegt, entgegnete Luther, daß ihm diese Bulle keine Autorität sei, weil sie wider die Hl. Schrift argumentiere und außerdem nur die Ansichten des Thomas von Aquin wiederhole. Er, Luther, gebe daher den Bibelstellen, die er in seinen Thesen zitiere, den unbedingten Vorrang. Darauf wetterte Cajetan, der Papst stehe über allen Konzilen und der Hl. Schrift. Luther solle widerrufen, dies sei der Wille des Papstes. Luther erbat sich daraufhin Bedenkzeit und verließ das Augsburger Fugger-Haus. Am 13. 10. begleiteten u. a. die sächsischen Räte Rühel und Feilitzsch und Johannes von Staupitz Luther zu seiner zweiten Audienz vor Cajetan, um diesen zu veranlassen, sachlicher zu argumentieren. Luther formulierte eine Erklärung, nach der er erst dann widerrufen werde, wenn er seiner Irrtümer überführt und widerlegt sei. Er sei sich nicht bewußt, etwas gegen die Bibel, die Kirchenväter, die Dekretalen oder die Vernunft gelehrt zu haben. Er unterwerfe sich aber dem Urteil der legitimen Kirche und erbiete sich, sei es in Augsburg, sei es anderswo, öffentlich über seine Sätze zu disputieren. Cajetan wandte sich nun versöhnlicher an Luther und gestattete ihm, die Antwort auf seine Fragen schriftlich abzufassen und am nächsten Tage vorzutragen. Wieder in Begleitung der sächsischen Räte erschien Luther am 14. 10. zum drittenmal vor Cajetan. Cajetan nahm Luthers inzwischen schriftlich verfaßte Stellungnahme nur mit verächtlichen Worten zur Kenntnis und forderte ihn erneut zum Widerruf auf. Die Debatte bezog sich erneut auf den *thesaurus ecclesiae*, wie er in der Bulle *Unigenitus* von 1343 festgelegt worden war. Cajetan las Luther nun den authentischen Text vor, der besage, Christus habe durch sein Leiden der streitenden Kirche einen Schatz erworben. Luther warf ein, daß einen Schatz erwerben und ein Schatz sein nicht das Gleiche sei, was Cajetan verwirrte. Diese Unterscheidung besagte, daß Christus nicht nur die Gnade verdient habe, die dann in die Schlüsselgewalt der Kirche gegeben wird, sondern daß er selbst die Gnade und als solcher Grund seiner Kirche sei. Cajetan führte nun die Debatte nicht weiter, so daß das Verhör ein Ende fand. Luther verfaßte noch eine Appellation »Von dem nicht gut unterrichteten Papst und dessen Richtern an den besser zu unterrichtenden Heiligen Vater« und verließ am 22.10. Augsburg.

In Rom ging man inzwischen über die Bemühung um eine Auslieferung Luthers hinaus weiter daran, die Lehrentscheidung über den Ablaß endlich verbindlich zu erklären, d.h. zu dogmatisieren. So gab Leo X. aufgrund eines Entwurfes Cajetans vom 9.11.1518 die Constitution *Cum postquam* heraus. Erneut wird erklärt, daß der Papst kraft seiner Schlüsselgewalt mit dem Ablaß Sündenstrafen nachlassen kann, indem er den Schatz der Verdienste Christi und der Heiligen austeilt. Dieser Ablaß werde den Lebenden in der Weise der Lossprechung und den Verstorbenen *per modum suffragii*, d.h. fürbitteweise, gewährt. Luther schrieb inzwischen seine Verhandlungen vor Cajetan in den sog. *Acta Augustana* auf, die er Anfang Dezember 1518 veröffentlichte.

Einer konsequenten Weiterführung des Prozesses gegen Luther stand 1519 die Wahl Karls V. zum deutschen Kaiser entgegen. Die Kurie fürchtete eine Umklammerung des Kirchenstaates durch den Habsburgischen Einfluß in Nord- und Süditalien und empfahl Franz I. von Frankreich als Kaiserkandidaten. Nachträglich suchte sie den sächsischen Kurfürsten gegen eine Wahl Karls V. zu gewinnen und übersandte ihm durch einen päpstlichen Kämmerer, Karl von Miltitz, die goldene Tugendrose und war sogar bereit, den Prozeß gegen Luther zu verzögern und eine Bannbulle gegen den sächsischen Mönch zurückzuhalten. Anfang Januar 1519 kam es zu einem Zusammentreffen zwischen Luther und Miltitz, auf dem beide Seiten verabredeten, 1. von der Ablaßmaterie in Zukunft weder zu predigen noch zu schreiben, 2. durch Miltitz den Papst zu veranlassen, einen Bischof zu bestellen, der möglicherweise irrige Artikel Luthers zum Widerruf bezeichnen solle. Erst mit der Wahl Karls V. zum deutschen Kaiser am 28. 6. 1519 fielen die Rücksichten der Kurie auf Friedrich den Weisen fort. Aber andere politische Sorgen, finanzielle Not und vor allem private Vergnügungen hielten Leo X. noch von einer energischen Verfolgung der Luthersache ab. So sehr der Prozeß erst schleppend in Gang kam, so sehr wurde intensiv weiter über Luthers neue Theologie diskutiert. So kam es vom 27. 6. bis zum 16. 7. 1519 zur Leipziger Disputation. Auf dieser diskutierten zunächst bis zum 2. 7. Eck und Karlstadt über die Prädestination und den freien Willen. Gegenüber Karlstadt hatte Eck leichtes Spiel, denn dieser war ein typischer Buchgelehrter und unterlag in der freien Rede dem glänzenden Ingolstädter Professor. Anders sah die Situation aus, als vom 4. 7. an Eck und Martin Luther miteinander disputierten. Luther und Eck diskutierten zunächst über den Primat des Papstes sowie über die Autorität von Konzilien. Danach wandten sie sich nochmals den Themen »Ablaß«, »Buße« und »Fegefeuer« zu. Der Diskussion über den Primat des Papstes war schon vor der Leipziger Disputation eine öffentliche Auseinandersetzung zwischen Luther und Eck vorausgegangen, in der diese in jeweiligen Disputationsthesen die Themen für die in Aussicht genommene Disputation festgelegt hatten. Bereits im Dezember 1518 hatte Eck zwölf Thesen formuliert, die er in Leipzig *contra novam doctrinam* verteidigen wollte. Als Luther Anfang 1519 diese Thesen bekannt wurden, antwortete er mit zwölf Gegenthesen, die wiederum Eck provozierten, seine Thesen zu korrigieren und um eine weitere zu vermehren. In diesen Thesen bezog sich nun die 13. These auf den päpstlichen Primat und stellte fest: »Daß die römische Kirche vor den Zeiten des Sylvester (Papst Sylvester I., 314–335) nicht über den anderen gestanden habe, das leugnen wir. Im Gegenteil, den, der den Stuhl und den Glauben des heiligen Petrus gehabt hat, den haben wir immer als Nachfolger Petri und als Statthalter Christi anerkannt«. Entsprechend erweiterte Luther auch seine Thesen auf 13 und formulierte gegen Ecks 13. These: »Daß die römische Kirche über allen anderen sei, wird wohl aus den kahlen Dekreten der römischen Päpste begründet, die seit 400 Jahren aufgekommen sind; dawider aber stehen die beglaubigten Historien von 1100 Jahren, ebenso der Wortlaut der Hl. Schrift und der Beschluß des Konzils von Nicäa, des allerheiligsten von allen.« Mit dieser herausfordernden These wolle Luther jedoch nicht sagen, daß das Papsttum erst im 12. Jh. entstanden sei, sondern nur feststellen, daß erst die Kodifizierung der Dekretalen seit Gregor IX. es den Päpsten ermöglicht habe, ihre Ansprüche, speziell in Deutschland vollständig durchzusetzen.

Für den Fall, daß Luther nicht Gelegenheit haben sollte, in Leipzig über diese These zu disputieren, hatte er bereits vor der Disputation eine *Resolutio super propositione XIII de potestate papae* formuliert und drucken lassen. Hier vertrat Luther die Ansicht, daß der päpstliche Primat im Rechtssinne erst unter Kaiser Constantin IV. (669–683) entstanden sei, und die These, daß die griechische Kirche ebenso wie die anderen orientalischen Kirchen faktisch nie unter der Herrschaft Roms gestanden hätten und dennoch mit eben demselben Recht wie die römische als christliche Kirche bezeichnet werden könnten. Es ist nicht verwunderlich, daß die Leipziger Disputation zwischen Luther und Eck sich sofort dieser These und dem Thema der päpstlichen Primatsgewalt zuwandte. Luther bestritt nun, daß der Primat des Papstes *de iure divino* sei, und führte aus, daß der Papst lediglich eine Institution menschlichen Rechtes sei, die in diesem Sinne anzuerkennen sei. Der Gehorsam gegenüber dem Papst sei deswegen auch keine Heilsbedingung. Auch sei gegenüber den griechischen Christen nie die Forderung erhoben worden, daß sie um ihres Heils willen den römischen Bischof als höchste Gewalt in der Christenheit anerkennen müßten. Nun nannte Eck verschiedene Sätze, mit denen Wyclif und Hus ebenfalls bestritten hatten, daß der römische Primat göttlichen Rechtes sei. Diese Sätze seien 1415 auf dem Konzil zu Konstanz verurteilt worden. Luther verwahrte sich dagegen, mit den Böhmen gleichgestellt zu werden, auch wenn er feststellen müsse, daß unter den in Konstanz verurteilten Sätzen von Johannes Hus echt evangelische gewesen seien. Das zeige wiederum, daß auch Konzilien irren könnten. Keine kirchliche Instanz könne etwas als heilsnotwendig erklären, was nicht in der Hl. Schrift begründet sei. Damit zeigte sich, daß es in der Leipziger Disputation schon längst nicht mehr um die Frage von Ablaß und Buße ging, sondern um ein neues Kirchenverständnis, in dem Christus allein, wie er sich in der Hl. Schrift bezeugt, das Haupt der Kirche sei und nicht mehr der Papst.

Diese Gedanken hatte Luther schon am 29.6.1519 in einer Predigt am Peter- und Paulstag in Leipzig zum Ausdruck gebracht. Das Evangelium des Tages war das Petrusbekenntnis Mt 16,13–19. Luther predigte zunächst über die Rechtfertigung und machte deutlich, daß der Mensch nicht aus sich selbst oder seinem freien Willen, sondern allein aus der Gnade Gottes gerechtfertigt werde. Was ferner das Schlüsselamt angehe, so sei über seinen rechten Gebrauch nachzudenken. Es sei zwar zunächst Petrus gegeben worden, der aber in Wahrheit die Gemeinde vertreten habe, und das hieße, daß es im Grunde jedem Christen gegeben sei. Die Schlüsselgewalt ist aber nichts anderes als der Ausdruck des Evangeliums, dem die Priester und so auch der Papst dienen. Sie vermittle die Gnade und die Gewißheit derselben, die allein im Glauben empfangen werde. Gegenüber dem Evangelium habe das kirchliche Amt nur eine funktionale Bedeutung. Im August 1519 rechtfertigte Luther seine Argumentation auf der Leipziger Disputation durch drei Schriften. Es waren erstens eine erweiterte Fassung der *Resolutio super propositione (tertia decima) de potestate papae*, zweitens die *Resolutiones Lutherianae … Lipsiae disputatae,* d.h. Erläuterungen zu seinen Leipziger Thesen sowie ein ausführlicher Bericht über die Disputation und eine scharfe Zurückweisung eines Gutachtens, das Eck gegen ihn für das Franziskanerkloster in Jüterbog angefertigt hatte, mit dem Titel *Contra malignum Joh. Eccii indicium*.

Schien Eck auch äußerlich den Sieg in Leipzig davongetragen zu haben, so bedeutete die Leipziger Disputation für ihn theologisch eine Niederlage. Eck gelang es inzwischen, den Kölner Inquisitor Jakob von Hoogstraten gegen Luther aufzubringen und über ihn die Universitäten Köln und Löwen gegen den Reformator mobil zu machen. So verdammten die Kölner Theologen bereits am 30.8.1519 acht Sätze Luthers, vor allem seine Anschauung vom päpstlichen Primat, und forderten im Hinblick darauf die Unterdrückung und Verbrennung seiner Schriften. Die Löwener Theologen ließen sich erst im November 1519 vernehmen. Über Luthers Kritik am göttlichen Recht des Primats äußerten sie sich nicht, weil sie selbst in der Tradition des Konziliarismus des 15. Jhs. standen. Eher kritisierten sie Luthers Äußerung über Ablaß und Buße und forderten ebenfalls die Verbrennung seiner Schriften.

Inzwischen nahm der römische Prozeß gegen Luther seinen Fortgang. Gestützt auf die Gutachten der Kölner und Löwener Universität untersuchten in Rom drei Kommissionen Luthers Lehre. Ein von der dritten Kommission unter Beteiligung Ecks vorgelegtes Gutachten wurde vom 21. 5. bis zum 1. 6. 1520 in Rom beraten und schließlich als sog. Bannandrohungsbulle *Exsurge Domine* am 15. 6. 1520 erlassen. Die Bulle verurteilte 41 aus Luthers Schriften ausgezogene Sätze als »häretisch, ärgerniserregend, irrig, als für fromme Ohren anstößig, für einfache Gemüter verführerisch und der katholischen Lehre widersprechend« und forderte Luther auf, diese Sätze binnen 60 Tagen zu widerrufen, andernfalls werde ihn die Bannbulle treffen. Mit der Veröffentlichung der Bannandrohungsbulle wurden in Deutschland als päpstlicher Legat der italienische Humanist Hieronymus Aleander und Johannes Eck beauftragt. Um den sich zuspitzenden Konflikt mit Rom in letzter Minute doch noch abzuwenden, traf sich erneut Karl von Miltitz mit Luther am 12. 10. 1520 in Lichtenberg an der Elbe und empfahl Luther, einen Brief an Papst Leo X. zu schicken, in dem er deutlich zwischen der Person Leo X. und der römischen Kurie unterscheiden und beteuern sollte, daß seine Angriffe nicht der Person Leo X., sondern der Institution von Papsttum und Kurie gelten. Zusammen mit diesem Brief sollte Luther dem Papst eine Schrift übermitteln, die ohne jede Polemik die ganze »Summe eines christlichen Lebens« zusammenfassen sollte, wie sie sich der neuen reformatorischen Theologie nun darstelle. Luther hat tatsächlich den Sendbrief an Leo X. geschrieben und beteuert, er habe gegen den »allerheiligsten Vater« und die »fromme Person« Leos nichts Böses unternommen, sondern nur die Institution des Papsttums auf dem Boden der Hl. Schrift kritisieren wollen. Diesem Sendbrief fügte er den Traktat »Von der Freiheit eines Christenmenschen« an, in dem er unpolemisch, dafür aber verständlich und theologisch intensiv seine neue reformatorische Theologie zum Ausdruck brachte. Gegen die Bannandrohungsbulle selbst verfaßte Luther die Schriften »Von der neuen Eckischen Bullen und Lügen« und *Adversus exsecrabilem Antichristi bullam*. Nun bezeichnet Luther unumwunden den Papst als Antichristen, einen Gedanken, den er unter Freunden schon seit Dezember 1518 erwogen, den er aber erst Ende 1519 öffentlich zum Ausdruck gebracht hatte.

Als man im Oktober und November 1520 in Löwen, Lüttich und Köln Luthers Schriften öffentlich verbrannte, sah sich Luther am 10.12.1520 provoziert, vor den Stadttoren Wittenbergs selbst zu einer Bücherverbrennung zu schreiten. Verbrannt wurden mehrere Ausgaben des kanonischen Rechtes, die *Summa angelica* des Angelus Chiavasso, d.h. eine kanonistische Beichtsumme, und Schriften von Johannes Eck und des Dresdener Hofkaplans Emser sowie schließlich die Bannandrohungsbulle *Exsurge Domine*. Diese Tat begründete Luther mit der Schrift »Warum des Papstes und seiner Jünger Bücher verbrannt sind«. Es ist verständlich, daß die Kurie ihrerseits nun die eigentliche Bannbulle folgen ließ. So erschien am 3.1.1521 die Bannbulle *Decet Romanum Pontificem*, die die Exkommunikation Luthers aussprach. Der römische Legat Aleander, der auch diese Bulle in Deutschland veröffentlichte, berichtete am 8.2.1521 nach Rom: »Ganz Deutschland ist in hellem Aufruhr. Für neun Zehntel ist das Feldgeschrei Luther, für die übrigen, falls ihnen Luther gleichgültig ist, wenigstens Tod der ›römischen Kurie‹ und jedermann verlangt und schreit nach einem Konzil.« Hatte Aleander auch übertrieben, so hatte er doch darin recht, daß sich der kommende Reichstag in Worms keineswegs auf die von der Kurie erwartete große Verurteilung Luthers einließ, sondern unter Zusicherung freien Geleites seine Sache förmlich behandelte. Das lag nur zum Teil an der von Karl V. am 3.7.1519 beschworenen Wahlkapitulation, wonach deutsche Dinge auf deutschem Boden behandelt werden und niemand mehr ohne vorhergehendes Gehör geächtet werden sollte. Zu sehr war Luther in diesen Monaten zum Sprecher der deutschen Nation geworden und hatte sich zum Anwalt ihrer Nöte und Kritik gemacht wie z.B. in der im Juni 1520 verfaßten Schrift »An den christlichen Adel deutscher Nation. Von des christlichen Standes Besserung«, in der er sein Reformprogramm der Kirche mit den *Gravamina nationis germanicae* verbunden hatte. Ebenfalls im Juli 1520 hatte er sein neues Kirchenverständnis in der Schrift »Von dem Papsttum zu Rom. Wider den hochberühmten Romanisten zu Leipzig« dargelegt. Gemeint war der Leipziger Franziskaner Alveldt, der gegen Luther die These verteidigt hatte, daß der Papst nach göttlichem Recht und nicht nur nach menschlichem Recht das Haupt der ganzen Christenheit sei. Sein neues Kirchenverständnis entwickelte Luther im Spätsommer 1520 weiter, indem er in seiner Schrift

De captivitate Babylonica ecclesiae praeludium das Sakramentsverständnis der mittelalterlichen Kirche an der Hl. Schrift überprüfte. Schon zu Beginn des Jahres 1520 hatte sich Luther ferner in seiner Schrift »Von den guten Werken« der Frage gewidmet, daß seine neue Rechtfertigungslehre keineswegs die Werke ablehne, sondern im Gegenteil zu einer neuen Begründung der Ethik führe. Exegetischer Hintergrund dieser sog. reformatorischen Hauptschriften des Jahres 1520 war seine im Herbst 1518 wieder aufgenommene Auslegung der Psalmen *(Operationes in Psalmos)*, die Luther in Wittenberg bis zu seiner Abreise nach Worms im April 1521 vorantrieb. Diese reformatorischen Schriften Luthers fanden in Deutschland reges Interesse und dank der neu entwickelten Buchdruckerkunst raschen Absatz. So war es nicht verwunderlich, daß die *Causa Lutheri* auf dem Wormser Reichstag im April 1521 zur Reichssache wurde.

Im Zusammenhang mit seiner Kaiserkrönung in Aachen am 23.10.1520 hatte Karl V. Kurfürst Friedrich dem Weisen zugesagt, Luther öffentlich zu verhören. Der Kurfürst sollte ihn zum Reichstag nach Worms mitbringen. In dem auf den 6. März datierten Vorladungsschreiben, das mit einem Geleitbrief vom 16.3.1521 abging, wird Luther deshalb auch nicht als Ketzer vor den Reichstag zitiert, sondern unter Zusicherung freien Geleites zu einem öffentlichen Verhör nach Worms eingeladen, wo er am 17.4. und 18.4.1521 vor Kaiser und Reich seine reformatorische Theologie- und Kirchenreform verteidigte. Die Verhandlung führte Johann von der Ecken, der Offizial des Trierer Erzbischofs Richard von Greiffenklau, des Bischofs, den bereits Friedrich der Weise 1519 als Schiedsrichter in der Luthersache vorgeschlagen hatte. Luther wurden etwa 20 seiner Schriften vorgelegt, die der päpstliche Legat Aleander als *corpus delicti* gesammelt hatte, und er wurde gefragt, ob er sich zu diesen Büchern bekenne und ob er bereit sei, diese Bücher oder etwas von ihnen zu widerrufen. Nach Verlesung der Titel dieser Schriften bekannte sich Luther zu ihnen, forderte aber im Blick auf den Widerruf einen Tag Bedenkzeit. Am 18.4.1521 wurde weiterverhandelt, und Luther wurde wiederum zum Widerruf der vorgelegten Schriften aufgefordert. Luther forderte nun den Kaiser, die Fürsten und jedermann bei der Barmherzigkeit Gottes auf, ihn aus der Bibel zu widerlegen. Er werde dann seine etwaigen Irrtümer sofort widerrufen und der erste sein, seine Bücher ins Feuer zu werfen. Auf eine nochmalige Aufforderung zum Widerruf antwortete Luther schließlich:

Da euere Majestät und euere Herrlichkeit eine schlichte Antwort von mir erheischen, so will ich eine solche ohne alle Hörner (Hinterhalt) und Zähne (Spitzen) geben: Wenn ich nicht durch Zeugnisse der Schrift und klare Vernunftgründe überzeugt werde – denn weder dem Papst noch den Konzilien allein glaube ich, da es am Tage ist, daß sie öfter geirrt und sich selbst widersprochen haben –, so bin ich durch die Stellen der Hl. Schrift, die ich angeführt habe, überwunden in meinem Gewissen und gefangen in dem Worte Gottes. Daher kann und will ich nichts widerrufen, weil wider das Gewissen etwas zu tun weder sicher noch heilsam ist. Gott helfe mir, Amen.

Am 24. 4. 21 kam es im Quartier des Trierer Erzbischofs noch einmal zu Sonderverhandlungen mit Luther, in denen dieser jedoch einen Widerruf ebenfalls ablehnte. Am Abend des 25. 4. 21 erhielt Luther den Bescheid des Kaisers, der besagte, daß er, der Kaiser, nun gegen ihn vorgehen werde, da alle Ermahnungen nicht gefruchtet hätten. Am 26. 4. verließ Luther Worms. Durch einen Wink der sächsischen Räte war er darauf vorbereitet, unterwegs irgendwo »eingetan« und »verborgen« (WAB 2,305) zu werden. Friedrich der Weise hatte dem Plan, Luther irgendwo in seinem Herrschaftsbereich zu verstecken, um ihn zu schützen, zugestimmt, wußte aber selbst nichts Genaueres über die Einzelheiten, um bei Anfragen des Kaisers unbefangen bleiben zu können. Auf der Rückreise nach Wittenberg wurde Luther unterwegs gefangengenommen und als Ritter Jörg in der Verborgenheit und Stille der Wartburg in Thüringen vom 4. 5. 1521 bis 3. 3. 1522 verwahrt. In Worms wurde inzwischen das Wormser Edikt verabschiedet, das Luther und alle, die ihn aufnahmen, für vogelfrei erklärte. Es wurde vom päpstlichen Legaten Aleander vorbereitet und am 8. 5. 1521 vom kaiserlichen Kabinett zur Ausfertigung genehmigt. Mit einigen Änderungen wurde es erst am 25. 5. 1521 auf dem Reichstag beschlossen, als die meisten Reichsstände schon abgereist waren. Nur Kurfürst Joachim von Brandenburg stimmte im Namen der Stände zu. Der Kaiser unterschrieb das Edikt am 26. 5. 1521. Das Edikt zählte Luthers angebliche Irrlehren auf und rügte vor allem, daß er das Konzil von Konstanz angetastet habe und Unruhe stifte. In ihm heißt es u. a.

Kraft unserer kaiserlichen Würde, Hoheit und Autorität, mit einhelligem
Rat und Willen unser und des heiligen Reiches Kurfürsten, Fürsten und
Stände, die jetzt hier versammelt sind, haben wir zu ewigem Gedächtnis
dieses Handelns, zur Vollstreckung ... der Bulle, die unser hl. Vater, der
Papst, als ordentlicher Richter dieser Sache hat ausgehen lassen, erkannt
und erklärt, daß der erwähnte Martin Luther als von Gottes Kirche abge-
trenntes Glied, verstockter, zertrennter und offenbarer Ketzer von uns,
euch allen und jedem zu halten ist.

Die reformatorischen Hauptschriften Martin Luthers von 1520

Nach der Leipziger Disputation von 1519 wurde Luther immer
mehr zum Sprecher der deutschen Nation. Die sich zu Beginn des
16. Jhs. abzeichnenden Reformpläne im Blick auf das Reich und die
Kirche verschärften sich und fanden u. a. in Luther einen Sprecher.
Hinzu kam das Anwachsen der Universität Wittenberg und die
Verbreitung der neuen Lehre durch Studenten, die sich als Multipli-
katoren der neuen reformatorischen Theologie Luthers erwiesen.
Ferner bot der Buchdruck ganz neue Möglichkeiten, Luthers Reformideen zu verbreiten. Schon 1518 hatte der Humanist Johannes
Froben in Basel eine Gesamtausgabe der bis dahin erschienenen lateinischen Schriften Luthers in hoher Auflage herausgebracht. 1520
erschienen in Straßburg und Basel erweiterte Ausgaben, dazu kamen in Basel im Mai 1520 und in Straßburg im Juli 1520 Sammel-
ausgaben deutscher Lutherschriften auf den Markt, die guten Absatz
fanden. Luther beschäftigte zeitweilig drei Drucker. Aus der Fülle
der nun entstehenden Lutherschriften greifen wir die sog. reformatorischen Hauptschriften Luthers des Jahres 1520 heraus, um das
Profil seiner neuen reformatorischen Theologie näher zu beschreiben.
   Gegen den Vorwurf, mit seiner Lehre von der Gerechtigkeit allein
durch den Glauben tue er den Werken Abbruch, ja mache er sie verächtlich, schrieb Luther auf Bitten Spalatins, des kurfürstlichen Se-
kretärs, im Frühjahr 1520 über das Verhältnis von Glauben und
Werke den umfangreichen »Sermon von den guten Werken« (WA

6,202–276). Hier gibt er den Laien eine umfassende Anweisung zu einem guten, christlichen Leben und Wirken anhand einer Auslegung der Zehn Gebote. Das vornehmste aller »Werke ist der Glaube« (Joh 6,28). Er ist aber nicht ein gutes Werk neben anderen, sondern er ist die Quelle aller guten Werke. Diese sind die Früchte des Glaubens, der Liebe, Freude, Friede und Hoffnung mit sich bringt. So ist die Liebe nicht länger die wirksamere Form des rechtfertigenden Glaubens, sondern dessen Folge. Denkt die scholastische Theologie im Sinne einer in uns entstehenden, effektiven Gerechtigkeit, Glaube und Liebe in eins, so unterscheidet sie Luther jetzt deutlich als Quelle und als aus dieser hervorgehende Werke. Der Glaube hängt nach wie vor allein an der fremden Gerechtigkeit Christi, die Liebe als Frucht des Glaubens gibt empirisch die in der Rechtfertigung erfahrene Liebe Gottes weiter, ohne daß das gute Werk der Liebe zu einer kontrollierbaren Bedingung unseres Gnadenstandes bzw. der Rechtfertigung wird. »Steht denn die Gerechtigkeit im Glauben, so ist es klar, daß er allein alle Gebote erfüllet und alle ihre Werke gerecht macht« (WA 6,211, Z.4–5). Hätten wir den lebendigen Glauben, »so bedürften wir keines Gesetzes nimmermehr, sondern ein jeglicher täte aus sich selbst gute Werke zu aller Zeit« (WA 6,213, Z.20–21). Solange wir diese Freiheit des Glaubens zu guten Werken nicht haben, brauchen wir Gesetze und Ermahnungen, müssen wir wie die Kinder mit Zeremonien und Versprechungen zu gutem Handeln gereizt werden.

Ebenfalls im Frühjahr 1520 setzt sich Luther mit dem Kirchenbegriff des Leipziger Franziskaners Augustin Alveldt auseinander. Dieser hatte eine Schrift mit dem Titel *Super apostolica sede …* geschrieben. Auf diese Schrift ließ Luther zunächst seinen Famulus Johannes Lonitzer antworten. Als Alveldt daraufhin seine Schrift umarbeitete und in deutscher Sprache herausgab, schrieb Luther selbst eine heftige Erwiderung: »Vom Papsttum zu Rom. Wider den hochberühmten Romanisten zu Leipzig« (WA 6,286–324). Mit dieser Schrift stellt Luther 1520 zum erstenmal deutlich seine neue Auffassung von der Kirche vor. Alveldt vertrat die These, daß der Papst nach göttlichem Recht und nicht nur nach menschlichem Recht das Haupt der ganzen Christenheit sei. Wer das bestreite, wie z.B. die Griechen, die Wycliffiten oder andere spätmittelalterliche Sondergruppen, sei als Ketzer anzusehen. Wie der Staat sich um ein sichtbares Haupt sammle, so sammle auch die Kirche sich um den Papst als sichtbares Haupt bzw. als Stellvertreter Christi. Demgegenüber versteht Luther die Kirche als Versammlung aller an Christus Glaubenden, die nicht primär eine leibliche Versammlung, sondern eine Versammlung der Herzen zu einem Glauben ist. Die wahre Kirche ist die unsichtbare Kirche als der geistliche Leib Christi, dennoch ist die unsichtbare nicht von der sichtbaren Kirche bzw. die verborgene nicht von der empirischen Kirche zu trennen und beide gehören zusammen wie Seele und Leib. Doch das Wesen der Kirche ist geistlicher Art, deshalb hat die Christenheit, die allein die wahre Kirche ist, kein Haupt auf Erden, sondern allein Christus im Himmel ist ihr Haupt und regiert die Kirche allein. Nur der geistliche Auftrag der Priester, Bischöfe und des Papstes, d.h. die Verkündigung des Evangeliums und die Verwaltung der Sakramente ist göttlicher Ordnung. Im Blick auf diesen Auftrag sind die genannten Ämter in der Kirche gleich. Sofern in der äußerlichen Kirche einer über dem anderen stehe, gelte dies nur nach menschlicher Ordnung. Die in Mt 16,18–19 ausgesprochene Schlüsselgewalt müsse durch Mt 18,18 ausgelegt werden, denn es sei klar, daß der hl. Petrus anstelle der ganzen Gemeinde und nicht ausschließlich für seine Person die Vergebungsgewalt empfangen habe. Der Papst ist primär der Bischof von Rom. Lasse man ihn in der Kirche gewähren, so nur als Ordnungsfaktor nach menschlichem Recht, und man solle ihn ertragen, »wie wenn der Türke über uns wäre«.

Auf der Basis dieses Kirchenbegriffs nimmt Luther die Reform der Kirche an Haupt und Gliedern weiter in Angriff und veröffentlicht dazu im Sommer 1520 seine Schrift »An den christlichen Adel deutscher Nation. Von des christlichen Standes Besserung«. Ist die Kirche nicht mehr fähig zu einer Reform an Haupt und Gliedern, so solle es der Kaiser bzw. der deutsche Adel tun, und zwar in seiner Eigenschaft als getaufte Christen. Luther verband mit der Wahl Karls V. zum deutschen Kaiser am 28.6.1519 neue Hoffnung auf eine Reform des Reiches und auf eine Befreiung desselben aus den Fängen der römischen Kurie und ihres Fiskalismus. Diese Hoffnung bringt er in dieser reformatorischen Programmschrift konkret zum Ausdruck und greift gleichzeitig die *Gravamina nationis germanicae* auf, die er aber nicht nur wiederholt, sondern nun dogmatisch begründet. Die Adelsschrift gliedert sich im wesentlichen in drei

Teile: 1. Die drei Mauern der Romanisten und ihr Umsturz. 2. Die Aufgabe einer Reform des römischen Papsttums. 3. Die Durchführung der Reform durch die Christenheit (ein 27 Punkte-Programm).

Der erste Teil, d. h. Luthers Rede von den drei römischen Mauern, benennt die Größen, die seiner Meinung nach bisher jede Reform der Kirche verhindert haben. Und so stellt er fest:

> Die Romanisten haben drei Mauern mit großer Geschicklichkeit um sich gezogen. Damit haben sie sich bisher beschützt, daß sie niemand hat können reformieren. Zum ersten: Wenn man sie bedrängt hat mit weltlicher Gewalt, haben sie behauptet und gesagt, die weltliche Gewalt habe kein Recht über sie, sondern umgekehrt, die geistige Gewalt sei über der weltlichen. Zum zweiten: Hat man sie mit der Hl. Schrift wollen tadeln, setzen sie dagegen, es gebühre die Schrift niemand auszulegen als dem Papst. Zum dritten: Droht man ihnen mit einem Konzil, so erdichten sie, es könne niemand ein Konzil berufen als der Papst.

Dies Bild der Mauern der Romanisten erinnert an die Mauern von Jericho, die mit Gottes Hilfe umgeworfen werden sollen. Die erste Mauer betrifft die römische Hierokratie, d. h. die Überordnung der geistlichen Macht über die weltliche. Damit greift Luther die mittelalterliche Zwei-Schwerter-Lehre an, die letztlich die weltliche Macht der geistlichen Macht unterordnet. Zugleich kritisiert er die Unterscheidung von Priester- und Laienstand mit der Überordnung des Priestertums unter einem eigenen geistlichen Recht. Dem hält er entgegen, daß Taufe, Evangelium und Glaube (Eph 4,5) alle Christen gleichermaßen zu Gliedern eines wahrhaft geistlichen Standes machen, d. h. zum Leib Christi, wie ihn Paulus 1 Kor 12,12 ff. beschreibt. Mit 1 Petr 2,9 und Apk 1,5 f.; 5,9 f. vertritt Luther das Priestertum aller Gläubigen. Danach sind alle getauften Christen gleichen geistlichen Standes, wenn auch nicht gleichen Amtes. Das kirchliche Amt beruht dagegen auf einer Beauftragung zur öffentlichen Ausübung der geistlichen Vollmacht an Personen, die bildungsmäßig die Voraussetzung erfüllen, um ein derartiges Amt auszuüben. Aus dem Priestertum aller Gläubigen folgt nach Luther auch die Pflicht aller getauften Christen zur Reform der Kirche. Verweigern sich die kirchlichen Amtsträger dieser Reform, so sind alle getauften Christen, namentlich die weltliche Obrigkeit, deren Funktionsträger getaufte Christen sind, zu dieser Reform berufen.

Die zweite Mauer betrifft den Lehrprimat des Papstes, d.h. das Recht des Papstes, allein die Schrift verbindlich auszulegen. Mit 1 Kor 2,15 bringt Luther zur Geltung, daß es jedem Christen durch die Kraft des Hl. Geistes möglich sei, die Hl. Schrift zu verstehen und sie auszulegen. In der Einleitung seiner *Assertio omnium articulorum Martini Lutheri per bullam Leonis X. ... damnatorum* vom März 1521 präzisiert Luther die hier geäußerten Gedanken durch sein Schriftprinzip. Danach ist die Hl. Schrift *(sola scriptura)* nicht nur Autorität von Kirche und Theologie, sondern auch die wahre Autorität ihrer Auslegung. Sie ist *scriptura sacra ipsius interpres*. Nicht die Tradition oder das päpstliche Lehramt entscheiden über die rechte Auslegung der Schrift, sondern die Schrift legt sich selbst aus, sie ist klar in den Fragen des Heils, in dem, was Christum treibet. Christus selbst ist die Mitte der Hl. Schrift und von dieser Mitte her gewinnt sie ihre soteriologische Klarheit und imponiert sich jedem getauften Christen als ihn gründende Autorität.

Die dritte Mauer bestreitet schließlich den Anspruch des Papstes, nur er dürfe allein ein Konzil einberufen. Wiederum ist es für Luther das Priestertum aller Gläubigen, das jeden getauften Christen, insbesondere die getauften Funktionsträger weltlicher Gewalt ermächtigt, ein rechtes, freies *concilium* einberufen, das nach Maßgabe der Hl. Schrift zur Reform der Kirche an Haupt und Gliedern führen kann. Damit greift Luther die Grundideen des spätmittelalterlichen Konziliarismus auf, orientiert aber die Autorität eines Konzils an der soteriologisch verstandenen Autorität der Hl. Schrift.

Nachdem diese Mauern gefallen sind, kann sich Luther im zweiten Teil der Aufgabe einer Reform des römischen Papsttums zuwenden. Er erinnert den Papst an die einfache Nachfolge Christi und an seine geistlichen Aufgaben. Ferner soll das Papsttum dadurch reformiert werden, daß das umfangreiche Kardinalskollegium auf wenige Kardinäle reduziert wird. Schließlich gilt es, den römischen Fiskalismus zu reformieren. Die Annaten, d.h. die Gelder, die der Papst daraus zieht, daß jeder vom Papst bestätigte Bischof und Abt die erste Hälfte seines Jahreseinkommens aus den ihm verliehenen Pfründen nach Rom abliefern muß, sollen fallen. Fallen sollen auch die päpstlichen Monate, die Palliengelder, die Vorstellung der *reservatio pectoralis* des Papstes, das römische Datarhaus, das von den Päpsten zur Bewilligung und zum Verkauf der päpstlichen Dispense, Gnadenbriefe, Sonderrechte und Vergünstigungen eingerichtet war. Fallen sollen Ablaßbriefe, Beicht- und Butterbriefe und schließlich der gesamte Fiskalismus der römischen Kurie.

Die Adelsschrift schließt mit einem 27 Punkte umfassenden Reformprogramm, das sich u. a. gegen Wallfahrten und die Bettelmönche richtet, das den Zölibat der Priester aufhebt, das die Überzahl von kirchlichen Festtagen einschränkt, das die Bettelei abschafft und schließlich zur Reform der Universitäten aufruft. Sprachen, Mathematik und Geschichte seien zu pflegen, Aristoteles sei abzusetzen, statt des geistlichen Rechtes sei das weltliche zu lehren, statt der Sentenzen der Väter und päpstlichen Dekretalen sei die Bibel zu studieren.

Dem Thema Kirche ist auch Luthers dritte große reformatorische Hauptschrift *De captivitate Babylonica ecclesiae praeludium* vom Oktober 1520 gewidmet. In ihr setzt sich Luther wiederum mit einer Schrift des Leipziger Franziskaners Alveldt, d. h. mit dem *Tractatus De communione sub utraque specie* vom Juni 1520 auseinander, indem er nun die römische Sakramentslehre einer an der Bibel orientierten Kritik unterzieht. Schon 1519 hatte er sich mit dem Sakramentverständnis im »Sermon vom Sakrament der Buße« (WA 2,713–723), im »Sermon vom Sakrament der Taufe« (WA 2,727–737) und schließlich im »Sermon von dem hochwürdigen Sakrament des heiligen, wahren Leichnams Christi und von den Bruderschaften« (WA 2,742–758) auseinandergesetzt. Auf dem Hintergrund seiner Theorie der Rechtfertigung allein aus Glauben wird Luther nicht müde, gegenüber der römisch-katholischen Vorstellung von der Wirkung des Sakramentes *ex opere operato* den Glauben als den rechten Gebrauch der Sakramente herauszustellen. Nicht bereits das *rite* vollzogene Sakrament, sondern erst der Glaube an das Sakrament rechtfertigt. Entsprechend beschreibt Luther nun das Sakrament folgendermaßen. Dreierlei sei beim Sakrament zu unterscheiden:

Das erste ist das Sakrament oder das Zeichen, das andere die Bedeutung desselben Sakraments (oder Zeichens), das dritte ist der Glaube an beide Weisen des Sakraments ... So muß das Sakrament (1.) äußerlich und sichtbar sein, in einer leiblichen Form oder Gestalt. Die Bedeutung (des

Zeichens) muß (2.) innerlich und geistlich sein, d.h. in dem Geist des Menschen. Der Glaube aber muß (3.) die beiden zusammenbringen zum rechten Nutzen und zum rechten Gebrauch des Sakraments.

Dieses Sakramentsverständnis steht formal noch in der augustinisch-franziskanischen Tradition, nach der Gott innerlich am Herzen des Menschen handelt, wenn der Mensch äußerlich das Element bzw. das sakramentale Zeichen empfängt. Nach Augustin wird das Sakrament als *verbum visibile*, als sichtbares Wort, wirksam, wenn das im Element *ad oculos* sinnenfällig gewordene Wort selbst, d.h. das innere Wort oder der Hl. Geist, zum Element hinzutritt: *Accedit verbum ad elementum, et fit sacramentum, et etiam ipsum tamquam visibile verbum.* (Kommt das Wort zum Element, d.h. zum sakramentalen Zeichen, so geschieht das Sakrament, gleichsam wie ein sichtbares Wort selbst). Ist es aber bei Augustin das innere Wort, das beim Empfang des sakramentalen Zeichens am Herzen des Menschen wirkt, so ist es bei Luther das äußere Wort, die gesprochene Sakramentsverheißung, durch die im Glauben der Hl. Geist am Herzen des Menschen wirkt. In diesem Sinne entwickelt Luther in *De captivitate Babylonica ecclesiae praeludium* nun sein Sakramentsverständnis deutlich im Rahmen seiner reformatorischen Worttheologie weiter. Entsprechend sind nun für Luther zwei Dinge für ein Sakrament konstitutiv: 1. Die Verheißung *(promissio)* und 2. das Zeichen des Sakramentes. Zugleich fragt er, ob entsprechend diesen Kriterien ein Sakrament der Hl. Schrift eingesetzt sei und reduziert die Siebenzahl der römischen Sakramente auf Taufe und Abendmahl. Da die Buße nur eine göttliche Verheißung, aber kein äußeres Zeichen enthält, läßt er sie nur bedingt als Sakrament gelten. Ehe, Priesterweihe, Firmung und letzte Ölung weist er als Sakramente ab. Doch auch die schriftgemäßen Sakramente Abendmahl, Taufe und Buße haben sich in der Tradition der Kirche nach Luthers Meinung so stark verändert, daß sie und mit ihnen die Kirche, die von den Sakramenten lebt, aus einer Babylonischen Gefangenschaft befreit werden muß.

Im Blick auf das Abendmahl beschreibt Luther eine dreifache Gefangenschaft des Sakramentes, nämlich die Gefangenschaft des Kelchentzuges, der Transsubstantiationslehre und die Deutung der Messe als Werk und Opfer. Entsprechend fordert Luther als erstes die Darreichung des Abendmahls *sub utraque specie*, d. h. unter den beiden Gestalten von Brot und Wein. Zwar kann für ihn Christus auch in einer Gestalt real präsent sein, doch widerspricht es der Einsetzung der Hl. Schrift, der Gemeinde den Kelch vorzuenthalten. Was die Transsubstantiationslehre angeht, so war auf dem IV. Laterankonzil von 1215 festgestellt worden, daß durch die vom Priester bei der Messe leise gesprochenen Einsetzungsworte die Substanz des Brotes und des Weines in die Substanz von Leib und Blut Christi verwandelt wird, wobei die Akzidentien, d. h. die äußeren Erscheinungsformen von Brot und Wein, unverändert bleiben. Diese Lehre wurde die Grundlage für die Würde und Macht des Priestertums, denn nur der vom Laien unterschiedene, geweihte Priester darf die Konsekration der Elemente vollziehen, die die Transsubstantiation bewirkt. Mit der Kritik der Transsubstantiationslehre will Luther jedoch nicht die Realpräsenz Jesu Christi im Abendmahl bestreiten, sondern nur kritisieren, diese Gegenwart mit Hilfe der aristotelischen Termini von Substanz und Akzidens beschreiben zu können. Christus wird vielmehr gegenwärtig durch die laut und deutlich gesprochene Sakramentsverheißung und in den dieser Verheißung beigegebenen Elementen von Brot und Wein allein im Glauben empfangen. Die Reduktion der Sakramentsverheißung auf eine juridisch wirksame, leise gesprochene Konsekrationsformel widerspricht nach Luther dem Verständnis des Sakramentes und dem in ihm wirksamen Worte Gottes. Denn dieses wirkt als verkündigtes Wort das, was die Zeichen des Sakramentes äußerlich anzeigen.

Ich jedenfalls, wenn ich doch nicht begreifen kann, auf welche Weise das Brot Christi Leib ist, will meinen Verstand gefangen geben in den Gehorsam Christi; an seinen Worten einfältig hangend, glaube ich fest, nicht nur daß Christi Leib im Brot, sondern daß das Brot Christi Leib sei. Was tut es, wenn die Philosophie das nicht versteht? Der Hl. Geist ist größer als Aristoteles ... Und wenn das die Philosophie auch nicht faßt, so faßt es doch der Glaube. Die Gewalt des Wortes Gottes ist größer als die Fassungskraft unseres Geistes. Damit also im Sakrament der wahre Leib und das wahre Blut (Christi) sei, ist es nicht nötig, daß Brot und Wein sich wandeln ..., sondern indem beide zugleich bleiben, was sie sind, heißt es in Wahrheit: »Dieses Brot ist mein Leib, dieser Wein ist mein Blut« und umgekehrt. So will ich's bis auf weiteres verstehen zu Ehren der heiligen

Worte Gottes, und nicht leiden, daß ihnen durch menschliche Vernünfte-
leien Gewalt angetan und sie in fremde Begriffe gezwängt werden.

Die dritte Gefangenschaft des Abendmahls ist das Meßopfer, d.h.
die unblutige Wiederholung des Kreuzesopfers Christi auf Golgatha
durch den Priester. Diese Opfertheorie stand in Gefahr, das Sakrament zu einem Werk des Priesters zu machen, obwohl das Sakrament, wahrhaft verstanden, allein Werk Gottes ist, durch das Gott
seine Gnade in den Glaubenden wirkt.

Was die Taufe angeht, so bietet sie zwar eine gemeinsame Basis
mit der römisch-katholischen Kirche, doch wurde ihr Wesen nach
Luther relativiert durch das Bußsakrament. Denn nach mittelalterlicher Anschauung wird durch die Taufgnade die Erbsünde vergeben
und bis auf einen, möglicherweise zu neuen Tatsünden verführen-
den Rest *(fomes)* in uns ausgelöscht. Entstehen in uns aber neue Tatsünden, dann geht die Taufgnade verloren und muß im Empfang des
Bußsakramentes neu empfangen werden. Entsprechend hatte Hieronymus das Bußsakrament ein zweites Brett nach dem Schiffbruch
genannt. Nach Luther macht dagegen die Sünde, wenn sie aus einer
in der Kraft der Gnade beherrschten wieder zu einer über uns herr-
schenden Macht wird, das Wesen der Taufe nicht hinfällig. Im Gegenteil, wir können in rechter Reue und Buße immer wieder erneut
unter die objektiv geltende, göttliche Verheißung der Taufe zurückkehren. »Wenn wir daher von Sünden wieder aufstehen oder Buße
tun, so tun wir gar nichts anderes, als daß wir zur Kraft und zum
Glauben der Taufe, davon wir gefallen waren, umkehren und zu der
Verheißung, die dort geschehen ist, zurückkehren, die wir durch die
Sünde verlassen hatten« (WA 6,528, Z.13–16). Die Buße ersetzt deshalb nicht die Taufe und ist auch nicht »das zweite Brett nach dem
Schiffbruch« (WA 6,529, Z.23), sondern die ständige Einübung der
Verheißung im Glauben oder, wie Luther sagt, die ständige Rückkehr zur Taufe *(reditus ad baptismum)*. »So bist du einmal *(semel)*
sakramentlich getauft, mußt aber alle Zeit *(semper)* durch den Glauben getauft werden, es gilt alle Zeit zu sterben und wieder zu leben«
(WA 6,535, Z.10–11). Wie die Verheißung, die so bleibend die Taufe
konstituiert, so gehört zur Taufe auch das Taufzeichen, »denn … neben den göttlichen Verheißungen werden uns auch Zeichen gegeben, die das abbilden, was die Worte bedeuten, oder wie die Neue-

ren (die Scholastiker) sagen, was das Sakrament seiner Wirkung nach bedeutet« (WA 6,531, Z.28–30). Entsprechend bedeutet Taufe »Tod und Auferstehung, d. h. die vollständige und vollendete Rechtfertigung. Denn daß der Geistliche das Kind ins Wasser eintaucht, bedeutet den Tod, daß er es aber wieder heraushebt, bedeutet das Leben« (WA 6,534, Z.3–5). Wenn so die Taufe durch Verheißung und Zeichen wirksam wird, so drückt sich darin die objektive und äußere Vorgegebenheit der göttlichen Gnade aus. Wir können diese Gnade bzw. die unsere Sünden bedeckende Gerechtigkeit Christi durch den Glauben nicht bewirken, sondern nur empfangen. Diese Objektivität schließt nach Luther auch die Kinder mit ein. »Wir sollten sein wie die kleinen Kinder, wenn sie getauft sind, die mit keinerlei Anstrengungen und keinerlei Werken belastet in allen Wegen frei sind, geboren und selig allein kraft der Herrlichkeit ihrer Taufe. So sind doch auch wir selbst solche kleinen Kinder, die fort und fort in Christus getauft werden« (WA 6,537, Z.38 –538, Z.3). Da jedoch die Verheißung nur im Glauben wirksam wird, muß sich Luther die Frage stellen, wie es denn mit dem Glauben in den Kindern steht. Luther antwortet mit dem Argument des fremden Glaubens *(fides aliena)* derer, die die Kinder zur Taufe bringen. Durch das Gebet der Kirche und durch das Gebet der Eltern und Paten wird »das Kind durch den eingegossenen Glauben verändert, gereinigt und erneuert« (WA 6,538, Z.10–11). Was schließlich das Sakrament der Buße angeht, so wird es von Luther unter das Taufsakrament subsumiert und die Buße als ständige Rückkehr zur Taufverheißung verstanden. Im Unterschied zu diesen schriftgemäßen Sakramenten lehnt Luther das Sakrament der Ehe, der Priesterweihe, der Firmung und der letzten Ölung als nicht schriftgemäße Sakramente ab.

Geht Luther so daran, durch diese in *De captivitate Babylonica ecclesiae praeludium* entwickelte neue Sakramentslehre die Freiheit der Kirche aus ihrer Babylonischen Gefangenschaft zu behaupten, so macht er Ende 1520 das Thema »Von der Freiheit eines Christenmenschen« oder *De libertate christiana* zum Gesamtthema seiner neuen Theologie, die er – wie mit Karl von Miltitz ausgehandelt – Papst Leo X. in Rom auf diese Weise erläutern will. Die Freiheitsschrift Luthers hat zwei große Teile, die den beiden Thesen entsprechen, die Luther dieser Schrift voranstellt:

Daß wir gründlich mögen erkennen, was ein Christenmensch sei und wie es getan sei um die Freiheit, die ihm Christus erworben und gegeben hat, davon St. Paulus viel schreibt, will ich setzen diese zwei Beschlüsse: Ein Christenmensch ist ein freier Herr über alle Dinge und niemand untertan. Ein Christenmensch ist ein dienstbarer Knecht aller Dinge und jedermann untertan.

Will man die scheinbare Dialektik dieser Thesen verstehen, so muß man sich verdeutlichen, daß hinter diesen Thesen die für Luthers Rechtfertigungsverständnis grundlegende Unterscheidung von Glaube und Liebe steht. So ist der Christenmensch ein freier Herr über alle Dinge und niemand untertan im Glauben, und er ist ein dienstbarer Knecht und jedermann untertan in der Liebe. Umgekehrt gilt: Will man recht von der Freiheit eines Christenmenschen reden, dann muß man zwischen dem Glauben, durch den der Mensch allein gerechtfertigt wird und darin frei ist als einer, der an der Freiheit Gottes partizipiert, und der Liebe unterscheiden, durch die der Glaube nach außen wirkt und sich freiwillig zum Wohl des Nächsten seiner Freiheit entäußert. Denn nur der ist nach Luther letztlich und wirklich frei, der seine Freiheit radikal im Glauben aus Gott empfängt, und nicht mehr die Werke, in denen die Liebe wirkt, zum Ermöglichungsgrund seiner Rechtfertigung bzw. seiner Freiheit macht. Seine Freiheit ist nicht Resultat seines Handelns oder seiner Praxis, sondern Geschenk des Glaubens als ein Sich-Empfangen aus der Liebe Gottes. Diese Freiheit des Glaubens bildet nun den ersten Teil der Freiheitsschrift. Luther beschreibt sie hier als Freiheit des inneren, geistlichen, neuen Menschen, der seine Freiheit aus dem Wort Gottes empfängt. Diese Freiheit des inneren Menschen versteht Luther auch als Freiheit der Person, d. h. des unmittelbaren individuellen Seins des Menschen vor und aus Gott. Sie wird dem Menschen als eine allein aus Gott hervorgehende Möglichkeit seines Seins durch das Wort Gottes zugeeignet, das nicht anders als im Glauben in uns wirksam wird. Entsprechend hat die Person, oder wie Luther auch sagen kann:

Die Seele kein ander Ding, weder im Himmel noch auf Erden darin sie lebe, fromm, frei und Christ sei, als das hl. Evangelium, das Wort Gottes,

von Christo gepredigt ... (und) so müssen wir nun gewiß sein, daß die
Seele kann alles Dinges entbehren außer dem Worte Gottes, und ohne das
Wort Gottes ist ihr mit keinem Ding geholfen. Wo sie aber das Wort Gottes
hat, bedarf sie auch keines anderen Dinges mehr, sondern sie hat in dem
Wort genug Speise, Freude, Licht, Kunst, Gerechtigkeit, Wahrheit, Weis-
heit, Freiheit und alles Gut überschwenglich.

Wer so im Glauben bei dem Wort Gottes ist, der ist bei Gott selbst.
Wer aber bei Gott selbst ist, der ist frei, gerecht und wahr. Er hat teil
an den Gütern Christi, die in einem fröhlichen Wechsel zwischen
der Gerechtigkeit Christi und der Sünde des Menschen ihm zuteil
werden.

Nicht allein gibt der Glaube so viel, daß die Seele dem göttlichen Wort
gleich wird, aller Gnade voll, frei und selig, sondern vereinigt auch die
Seele mit Christus, eine Braut mit ihrem Bräutigam. Aus dieser Ehe folgt
wie St. Paulus sagt, daß Christus und die Seele ein Leib werden; so wer-
den auch beider Güter, Fall, Unfall und alle Dinge gemeinsam, so daß,
was Christus hat, das ist eigen der gläubigen Seele; was die Seele hat, das
wird Christus eigen. So hat Christus alle Güter und Seligkeit: die sind der
Seele eigen; so hat die Seele alle Untugend und Sünde auf sich: die wer-
den Christus zueigen. Hier erhebt sich nun der fröhliche Wechsel und
Streit. Weil Christus ist Gott und Mensch, welcher noch nie gesündigt hat,
und seine Frommheit (Gerechtigkeit) unüberwindlich, ewig und allmäch-
tig ist, so macht er denn die Sünde der gläubigen Seele durch ihren Braut-
ring, das ist der Glaube, sich selbst zueigen und tut nichts anderes, als
hätte er sie getan. So müssen die Sünden in ihm verschlungen und ersäuft
werden. Denn seine unüberwindliche Gerechtigkeit ist allen Sünden zu
stark.

Mit solchen Formulierungen artikuliert Luther nun Spitzensätze seiner neuen Theologie. Die Güter des Bräutigams Christi werden der
Seele zueigen und die Defizite und Sünden der Seele Christus zueigen, der sie verschlingt. Die Seele wird der Macht der Sünde ent-
nommen und hat in der Vereinigung mit Christus teil an der schöp-
ferischen Macht Gottes selbst. Doch wird diese Vereinigung der
Seele mit Christus nicht als eine mystische, unmittelbare Seinsein-
heit vorgestellt – so sehr das die Bilder der Bernhardinischen Braut-

mystik nahelegen –, sondern als eine durch das Wort Gottes dem Glauben allein vermittelte Einheit gewährt. Die Vermittlung durch das Wort Gottes wahrt zugleich den eschatologischen Charakter dieser Teilhabe am Sein Gottes, weil dessen volle Vollendung noch aussteht, obwohl es schon im Glauben antizipiert werden kann. Diese in Christus begründete Freiheit des Christen behält der Christ nicht für sich allein – und das ist das Thema des zweiten Teils der Freiheitsschrift –, sondern gibt sie in der Liebe weiter an den Nächsten. Denn »obwohl der Mensch inwendig nach der Seele durch den Glauben genügend gerechtfertigt ist und alles hat, was er haben soll, außer daß derselbe Glaube und das Genügen muß immer mehr zunehmen bis in jenes Leben, so bleibt er doch noch in diesem leiblichen Leben auf Erden und muß seinen eigenen Leib regieren und mit den Leuten umgehen. Da heben nun die Werke an. Hier muß er nicht müßiggehen, da muß fürwahr der Leib mit Fasten, Wachen, Arbeiten und aller mäßigen Zucht getrieben und geübt sein, daß er dem innerlichen Menschen und dem Glauben gehorsam und gleichförmig werde, nicht hindere noch widerstehe, wie seine Art ist, wo er nicht gezwungen wird« (WA 7, 30, Z.11–20). Mit anderen aber geht der Christenmensch um, indem er sich ihnen in der Nächstenliebe zuwendet. So wird die Freiheit des Christenmenschen außerhalb seiner selbst konstituiert in Gott und hat umgekehrt ihren eigenen Wirkungsbereich außerhalb seiner selbst im Nächsten.

Aus dem allen folget der Beschluß, daß ein Christenmensch nicht in sich selbst lebt, sondern in Christus und seinem Nächsten, in Christus durch den Glauben, im Nächsten durch die Liebe. Durch den Glauben fährt er über sich in Gott, aus Gott fährt er wieder unter sich durch die Liebe und bleibt doch immer in Gott und göttlicher Liebe ... Siehe, das ist die rechte geistliche, christliche Freiheit.

So führt nach Luther die Freiheit eines Christenmenschen bzw. die Gerechtigkeit eines Christenmenschen zugleich in die Solidarität mit dem Nächsten. Man kann deshalb Luther nicht dahingehend kritisieren, daß er die Freiheit auf die Innerlichkeit des Menschen eingeschränkt habe und damit zum Begründer eines spezifisch bürgerlichen Freiheitsbegriffes geworden sei, der seine säkularisierte spezifische Form in der Philosophie Kants gefunden habe (Marcuse). Denn nach Luther lebt der Christenmensch in Wahrheit gar nicht allein in seiner Innerlichkeit, sondern in einem doppelten »außerhalb seiner selbst«, im Glauben außerhalb seiner selbst in Gott, in der Liebe außerhalb seiner selbst im Nächsten.

Die Wittenberger Unruhen
und Luthers Wartburgzeit 1521/1522

Vom 4. 5. 1521 bis 3. 3. 1522 weilte Luther auf der Wartburg, seinem »Patmos«, von wo aus er wie einst Johannes Schriften schrieb, mit denen er die Reformation in Wittenberg weiter beeinflußte, ohne jedoch zunächst direkt in die Fragen und Probleme der Wittenberger Reformation eingreifen zu können. Männer des zweiten Gliedes, wie Karlstadt, Melanchthon u. a., aber auch die reformatorisch gesinnten Ordensbrüder Luthers aus dem Augustiner-Eremitenorden, unter denen Gabriel Zwilling als besonders radikaler Vertreter hervortrat, trieben die Reformation in Wittenberg voran. Doch da sie verschiedenen Geistes waren, ist es nicht verwunderlich, daß das Schiff der Wittenberger Reformation in Unruhen hinein driftete. Luther blieb dabei jedoch nicht untätig, sondern schrieb mit unerhörter Schaffenskraft weiter, um die Ereignisse der Reformation in seinem Sinne weiter zu beeinflussen und zu steuern. Als »Junker Jörg« verkleidet machte er sich zunächst an die Auslegung des 68., 21., 22. und 37. Psalms. Ferner vollendete er die Auslegung des *Magnifikat* (WA 7,544–601), die er schon vor der Reise nach Worms begonnen hatte. Er preist nun die Niedrigkeit, nicht die Demut Marias als Ausdruck der Ohnmacht des Menschen, deren sich Gott in der Rechtfertigung aus Glauben annimmt. Gleichzeitig beginnt Luther mit der Niederschrift der sog. »Kirchenpostille« als Handreichung für Pfarrer und Hausandachten. In seiner Schrift »Von der Beichte, ob die der Papst Macht habe, zu gebieten« (WA 8,138–185) spricht er sich noch für die heimliche Beichte aus, wendet sich aber gegen den Beichtzwang der römisch-katholischen Kirche. Neben diesen Schriften entsteht der sog. *Antilatomus* (WA 8,43–128), in dem sich Luther gegen eine Schrift des Löwener Theologen Latomus wendet, der die Verurteilung und Verbrennung seiner Schriften durch die

Löwener Fakultät im Herbst 1520 verteidigt hatte. Im Mittelpunkt steht die Frage nach der bleibenden Sünde im Menschen bzw. nach der Macht der Gnade. Schließen sich Taufgnade und bleibende Erbsünde nicht aus? Eine Frage, die von scholastischen Denkvoraussetzungen her nur folgerichtig war, wenn man die Sünde als eine negative Qualität und die Gnade als eine positive Qualität der Seele verstand. Dann mußte in der Taufe ein Eigenschaftswechsel von der Sünde zur Gnade stattfinden und der Mensch bis zu neuen Aktualsünden »ohne Sünde« sein. Demgegenüber argumentierte Luther nun auf dem Boden der paulinischen Anthropologie, daß die Erbsünde zwar ganz vergeben, aber noch nicht völlig vernichtet sei. Die Person des Menschen sei schon als ganze gerecht, weil ihr durch die fremde Gerechtigkeit Christi die Erbsünde vergeben und bedeckt sei. Im Glauben antizipiere sie schon vollkommen die eschatologische Gerechtigkeit Gottes, empirisch dagegen müsse sie in ständiger Reue und Buße täglich noch aus dem verbleibenden Herrschaftsanspruch der Sünde heraustreten unter die gnädige Herrschaft Jesu Christi. Spricht dabei die Gnade Christi die Person des Menschen als ganze gerecht, so ist sie zugleich als Gabe der Gnade in ihm wirksam gegen die Macht der verbleibenden Erbsünde.

Aber nicht nur gegen die Löwener Universität setzte sich Luther zur Wehr, sondern auch gegen die Pariser Sorbonne. Diese hatte im April 1521 zahlreiche Sätze Luthers als häretisch verurteilt. Zunächst schrieb Melanchthon in Wittenberg gegen das Gutachten der Pariser Universität eine scharfe Apologie. Luther übersetzte diese und das Pariser Dekret ins Deutsche und gab beide mit einem Vor- und einem Nachwort heraus. Den Pariser Theologen wirft er vor, sie hätten seinen schärfsten Angriff, den gegen das Papsttum, bewußt ausgeklammert, weil sie selbst gegen das Papsttum im Sinne der französischen bzw. gallikanischen Freiheiten agieren würden. Damit hatte Luther den Angriff der Sorbonne geschickt pariert und sie als Bastion der Konziliaristen gegen den Papst entlarvt.

Heftiger Zorn ergriff Luther, als er davon erfuhr, daß der Erzbischof Albrecht von Mainz eine Ausstellung des Reliquienschatzes von Halle eröffnet hatte und alle Gläubigen mit dem Versprechen reicher Ablässe zu Besuch und Opfer einlud. Luther verfaßte den Traktat »Wider den Abgott zu Halle«. Als der kurfürstliche Sekretär Spalatin den Druck dieser Schrift verweigerte, schrieb Luther ultimativ an den Mainzer Erzbischof. Dieser verhielt sich einsichtsvoll und gab schließlich der Kritik Luthers nach.

Die nächste große Schrift, die Luther 1521 auf der Wartburg verfaßte, war seine Schrift *De votis monasticis*, d. h. »Über die Mönchsgelübde«. In ihr rechnet Luther mit seiner mönchischen Vergangenheit ab und macht geltend, daß die monastischen Gelübde »Armut, Keuschheit und Gehorsam« der christlichen Freiheit widersprechen. Im November 1521 verließen 15 von 40 Augustiner-Eremiten das Wittenberger Kloster. Luther hatte davon erfahren und fürchtete, nicht alle hätten diesen Schritt guten Gewissens getan, und andere wagten diesen Schritt noch nicht zu tun. So schrieb Luther am 11.11.1521 an Spalatin: »Ich bin entschlossen, jetzt auch die Frage der Gelübde der Ordensleute anzupacken und die jungen Leute aus dieser Hölle des Zölibats zu befreien« (WA Br 2,403). Noch im November 1521 stellte er *De votis monasticis* (WA 8,573–669) fertig. Luther betont nun, daß er keinen anderen Prior, Bischof, Papst mehr kenne, denn Christus allein. Durch Christus sei sein Gewissen frei geworden und das bedeute in höchstem Maße Freiheit. Christliche Freiheit sei Freiheit des Gewissens. »Darum bin ich noch ein Mönch und zugleich kein Mönch; ich bin eine neue Kreatur, nicht des Papstes, sondern Christi« (WA 8,575,28 f.). Luther betrachtet nun sein eigenes Mönchsleben, das er in der Kraft des Evangeliums von innen heraus als sublimen Versuch der Selbstheiligung überwunden hatte, als ein geistliches Moratorium, das ihm erlaubt hatte, eine religiöse Identitätskrise im 16. Jh. in ihrer ganzen Tiefe durchzustehen und zu überwinden. Mit Rücksicht auf die Schwachen legt aber Luther sein Ordenskleid erst am 4.10.1524 ab.

In Wittenberg selbst ging man inzwischen daran, Reformen des Gottesdienstes und der Messe durchzuführen. Melanchthon, Karlstadt und der Augustiner-Eremit Gabriel Zwilling begannen mit entsprechenden Reformen. Am Michaelisfest 1521 nahm Melanchthon mit seinen Schülern das Sakrament unter beiderlei Gestalt. Aufgrund der Predigten Zwillings ließen die Augustiner ihre Privatmessen seit Oktober 1521 ausfallen. Diese Neuerungen erregten Aufsehen und die Besorgnis des Kurfürsten, der eine Untersuchungskommission zusammentreten ließ. In diesem Zusammenhang schrieb Luther im November 1521 seine Schrift *De abroganda missa priva-*

ta (WA 8,411–476). Darin schrieb er nicht nur gegen die Privatmessen, die die Priester ohne Gemeinde für sich selbst oder für verstorbene Stifter hielten, denen sie das Meßopfer als gutes Werk zuwandten, sondern gegen das Meßopfer überhaupt. Schon vorher entwikkelte Gedanken über die Messe als Testament, d. h. als Vermächtnis, als Gabe an uns, trägt er nun in verschärfter und kämpferischer Form vor. Als neues Argument führt er in dieser Schrift das »ein für allemal« des Kreuzesopfers Christi im Hebräerbrief gegen den Opfercharakter der Messe an. Christus hat sich ein für allemal für uns geopfert. Er will von keinem anderen hinfort geopfert werden. Er will, daß man seines Opfers gedenken soll. Voll Unruhe und willens, sich persönlich über die Entwicklung in Wittenberg zu unterrichten, verließ Luther am 2.12.1521 heimlich als Junker Jörg die Wartburg und weilte vom 4. bis 9.12.1521 *incognito* in Wittenberg. Luther griff nicht direkt in die Szene ein, um sich und andere nicht zu gefährden. Nach seinem Aufenthalt in Wittenberg schrieb er von der Wartburg aus die Schrift »Eine treue Vermahnung zu allen Christen, sich zu hüten vor Aufruhr und Empörung« (WA 8,676–687). Danach ist es nicht die Sache des Herrn *omnes*, durch gewaltsame Aktionen die Mißstände in der Kirche abzustellen. Luther verweist auf die reformerische Macht des gewaltlosen Wortes Gottes und warnt die Evangelischen davor, das Evangelium zu einer Parteisache zu machen und verbietet den Seinen, sich »lutherisch« zu nennen. Der Kurfürst verlangte inzwischen die Bestrafung der Unruhestifter durch den Rat der Stadt. Doch weite Schichten der Bürgerschaft stellten sich hinter die Gottesdienstreform und forderten die freie Predigt des Evangeliums, die Abschaffung der Privatmessen und den Laienkelch. Wiederholt und noch einmal ausdrücklich verbot der Kurfürst am 19.12.1521 eigenmächtige Neuerungen. Es solle bei dem alten Brauch bleiben, bis äußere Einmütigkeit erzielt worden sei. Trotzdem kündigte Karlstadt am 4. Adventssonntag an, er werde die Messe mit Kommunion unter beiderlei Gestalt halten, mit verständlichen Konsekrationsworten und ohne die anderen Zeremonien, ohne Meßgewand und Alba etc. Wohl um einem kurfürstlichen Verbot zuvorzukommen, verwirklichte er diesen Plan schon am Weihnachtsfest 1521. Am 6.1.1522 stellte das Kapitel der Augustiner-Eremiten es den Mönchen frei, das Kloster zu verlassen. Wer blieb, sollte sich als Prediger oder Lehrer betätigen oder durch ein

Handwerk sein Brot verdienen. Am 11.1.1522 gab der Augustiner-Eremit Zwilling den Auftrag zum Sturm gegen die Bilder und Beseitigung der Nebenaltäre in der Klosterkirche. Bilder seien nach Gottes Wort (2 Mose 20,4) verboten. Karlstadt selbst trat am 19.1.1522 feierlich in den Stand der Ehe.

Die Wittenberger Reform begann zu eskalieren und wurde zudem angeheizt durch die sog. Zwickauer Propheten, d.h. die Tuchweber Nikolaus Storch und Thomas Drechsel, sowie den früheren Melanchthon-Schüler Markus Stübner. Sie waren aus Zwickau wegen dortiger Unruhen ausgewiesen worden und hatten sich nun nach Wittenberg selbst begeben. Sie rühmten sich der unmittelbaren Leitung durch den Heiligen Geist. Das »innere Wort« war für sie entscheidend, weshalb sie des geschriebenen Wortes weniger zu bedürfen meinten. Nach ihren inneren Offenbarungen sollte bald die ganze weltliche Ordnung eine Umwandlung erfahren und durch Vertilgung der Pfaffen und Gottlosen der Grund für das Gottesreich gelegt werden. In Wittenberg schürten sie die sich eskalierende Reformbewegung, ohne jedoch direkt in sie einzugreifen. Immerhin gelang es ihnen, Melanchthon zu verunsichern, der trotz seiner *Loci communes* vom Sommer 1521, in denen er sich eindeutig auf die Seite Luthers geschlagen und die Grundbegriffe der neuen Wittenberger Theologie zusammengefaßt hatte, hinsichtlich eines evangelischen Geistverständnisses noch schwankend war und sich von dem prophetischen Bewußtsein der Zwickauer imponieren ließ. Schließlich wandte er sich an Luther. Dieser riet, die Wittenberger Propheten an der Schrift und am gekreuzigten Christus zu prüfen. Auch solle man sich nicht durch ihr Reden gegen die Kindertaufe beeindrucken lassen, denn uns bleibe ja nichts anderes übrig, als die Kinder auf einen fremden Glauben zu taufen, den Glauben – wie Luther nun sagt –, mit dem Christus für uns glaube. Da den Zwickauer Propheten der Boden in Wittenberg bald zu heiß wurde, verließen sie im Frühjahr 1522 die Stadt. Um der Unruhen in Wittenberg Herr zu werden, erließ der Rat der Stadt am 24.1.1522 eine Ordnung der Stadt Wittenberg. Danach sollten u.a. die Bilder entfernt, die Messe nach Karlstadts Weise gefeiert und die geistigen Pfründen zu einem gemeinen »Kasten« zusammengelegt werden. Beschwerden der altgläubigen Stiftsherrn beim Kurfürsten und dessen Unwille waren die Folge. Karlstadt und den Wittenbergern Reformern, vor allem unter Zwilling, ging die Reform nicht schnell genug. In einer auf den 27.1.1522 datierten Schrift »Von Abtuung der Bilder und daß keine Bettler unter den Christen sein sollen« führte Karlstadt Klage darüber, daß drei Tage nach dem Erlaß der Stadtordnung die Bilder immer noch nicht entfernt seien. So griff man zur Selbsthilfe, und es kam Anfang Februar 1522 in der Stadtkirche zum Bildersturm. Wiederum forderte der Kurfürst die Wittenberger auf, alles beim alten Brauch zu lassen, doch Stiftskapitel, Universität und Rat der Stadt waren nicht mehr Herr der Lage und wandten sich an Luther, zurückzukehren. Luther verließ daraufhin die Wartburg und traf am 6.3.1522 in Wittenberg ein. Drei Tage später, am Sonntag *Invocavit*, dem 9.3.1522, stand Luther zum erstenmal wieder auf der Kanzel der Stadtkirche. In seinen berühmten Predigten vom Sonntag *Invocavit*, dem 9.3.1522, bis Sonntag *Reminiscere*, dem 16.3.1522, stellte Luther die Ruhe in der Stadt wieder her. Er rief jeden einzelnen in seine eigene Glaubensverantwortung und riet, mit Reformen zu warten, bis der Zeitpunkt für diese reif sei. Entsprechend wählte Luther für Wittenberg zunächst eine Art Moratorium. Die sonntäglichen Messen gingen in der Stadtkirche weiter, die Osterkommunion 1522 wurde nach altem Brauch gehalten: ohne Kelch, in lateinischer Sprache mit den gewohnten Meßgewändern und sonstigen Riten, nur der Meßkanon wurde unauffällig von allen Anklängen an den Opfergedanken gereinigt. Daneben wurde denen, die es begehrten, das Abendmahl in besonderer Feier unter beiderlei Gestalt gewährt. So behielt man in Wittenberg zunächst noch einen gereinigten Meßgottesdienst bei, dessen Schwerpunkt sich aber von selbst auf die mit der Messe verbundene Predigt verlagerte. Auch in der Gottesdienstordnung von 1523, der *Formula missae et communionis* (WA 12,205–229), bot Luther noch eine lateinische, allerdings von allen Anspielungen auf das Meßopfer gereinigte Messe dar. Doch zielten seine evangelischen Intentionen schließlich allein auf einen deutschen Meßgottesdienst, wie er ihn dann endlich in der »Deutschen Messe« von 1526 formulierte. Luther wußte außerdem, daß es mit einer bloßen Übersetzung eines gereinigten Meßformulars noch nicht getan war. Die gottesdienstliche Ordnung mußte sich auch die Sprache und die Herzen der Leute erobern. Nur zu gut wußte Luther, was das Geschäft des Dolmetschens und Übersetzens bedeutet, hatte er doch nach seinem heimlichen Besuch in Wittenberg im Dezember 1521 auf Bitten seiner Freunde noch auf der Wartburg in 11 Wochen das Neue Testament ins Deutsche übersetzt. Diese Übersetzung ist eine sprachliche Leistung ersten Ranges, wie sie nur jemand vollbringen kann, der in die Sache des zu übersetzenden Textes in jahrelanger Arbeit und Mühe eingedrungen ist. Daß Luther die Übersetzung in so kurzer Zeit anfertigen konnte, liegt daran, daß er die lateinische Vulgata auswendig wußte und so die Übersetzung frei herunterschreiben konnte, wobei er sich zur Kontrolle an dem griechischen Neuen Testament des Erasmus von Rotterdam in der zweiten Auflage von 1519 orientierte. Es gab bereits deutsche Bibelübersetzungen vor Luther, aber keine Übersetzung schlug so durch wie die Luthers. Eine wichtige Voraussetzung für den Erfolg der Lutherbibel war das Zusammenschmelzen verschiedener deutscher Mundarten in eine einheitliche Schriftsprache, wie sie in der sächsischen Kanzlei gebraucht wurde. Luther hat diese Einheitssprache nicht geschaffen, aber ihre Verbreitung durch seine Übersetzung des Neuen Testamentes stark beschleunigt. Mit Melanchthon ging er nach seiner Rückkehr in Wittenberg die deutsche Übersetzung noch einmal durch. Im September 1522 erschien dann seine deutsche Übersetzung des Neuen Testamentes, das sog. September-Testament. Da die erste Auflage schnell vergriffen war, erschien bereits im Dezember 1522 eine zweite Auflage, das sog. Dezember-Testament, in das Luther nach Rücksprache mit seinen Wittenberger Fachkollegen zahlreiche Verbesserungen eintrug. Eine deutsche Vollbibel, die das Alte und das Neue Testament umfaßte, erschien erst 1534, nachdem alle Teile des Alten Testaments zuvor in Einzelübersetzungen erschienen waren. Neben philologischer Korrektheit suchten Luther und die Wittenberger nach dem besten, verständlichen Ausdruck für die Übersetzung der Bibel. Deshalb bemühte sich Luther, dem Volk aufs Maul zu schauen, wie er es im »Sendbrief vom Dolmetschen« (WA 30 II,632–646) zum Ausdruck brachte. So war es Luther schließlich gelungen, die Wittenberger Reformation wieder zu konsolidieren, doch sollte dieser Vorgang nur ein Vorspiel der Klärungsprozesse der Reformation sein, wie sie nun in den 20er Jahren des 16. Jhs. einsetzten.

Die Ausbreitung der Reformation in den deutschen Reichsstädten und in der Schweiz

Die Reichsstädte und die Reformation

Eine besonders günstige Aufnahme fand die reformatorische Bewegung in den deutschen Reichsstädten. Das war schon immer bekannt, ist aber seit der wegweisenden Untersuchung von Bernd Moeller über »Reichsstadt und Reformation« (1962, Berlin ²1987) und durch die inzwischen differenzierter ausgebildeten sozialhistorischen Methoden intensiver erfaßt worden. Wie schon in der allgemeinen politischen Geschichte des Reiches die spezifische Mächtekonstellation zwischen Fürsten und Kaiser eine gute Chance für die Ausbreitung der Reformation in den Territorien bot, so die rechtliche, kulturelle und soziale Struktur der deutschen Reichsstädte. Als Reichsstädte unterstanden sie unmittelbar dem Kaiser, und da dieser weit weg war, hatten die verschiedenen politischen Kräfte in den Reichsstädten erheblichen Spielraum, sich neuen Einflüssen zu öffnen. Kulturell bildeten die besseren schulischen Voraussetzungen in den Städten eine gute Bedingung für die Rezeption der Reformation. Die Lateinschulen schufen bei den Patriziern, reicheren Kaufleuten und Handwerkern wichtige Vorgaben für die Aufnahme der neuen reformatorischen Botschaft und der Hl. Schrift als Autorität in allen geistlichen und ethischen Fragen. Wichtig war auch der vom Humanismus bestimmte Background in den Städten, der mit seiner antischolastischen Haltung und Orientierung an den biblischen Quellen der Reformation sehr förderlich war.

Rein rechtlich war das mittelalterliche Genossenschaftsrecht eine wesentliche Basis, auf der ein mit der neuen Bewegung sympathisierender Stadtrat agieren konnte. Dieses Recht wurde von der Bürgerschaft beschworen und besagte, daß man mit Leib und Gut für das Wohl der Stadt eintritt, bzw. daß der Stadtrat für den Stadtfrieden Sorge zu tragen habe. War erst die Mehrheit der Bürgerschaft für die Reformation gewonnen, dann fühlte sich in der Regel auch der Stadtrat im Interesse des Friedens der Stadt und der Abwendung vom Aufruhr veranlaßt, der neuen Bewegung zu ihrem Recht zu verhelfen. Im übrigen war das mittelalterliche Genossenschaftsrecht immer schon die Basis, auf der die Stadträte mit dem Patronatsrecht und Präsentationsrecht der Bischöfe und Klöster im Konflikt lagen, indem sie versuchten, ihre Kompetenz auch in den kirchlichen Bereich zur Wahrung des Rechtsgutes »Stadtfrieden« auszudehnen.

Eine besondere Rechtskompetenz der Stadträte war das sog. Treuhänderrecht über Stiftungen und Pfründen. Im Interesse ihres Seelenheils setzten oft reiche Bürger an die erste Stelle ihrer Testamente Stiftungen, aus denen an den Kirchen der Stadt Prädikanten oder Meßpriester für Stillmessen bezahlt wurden. Diese Stiftungen wurden in der Regel nicht von der Kirche verwaltet, sondern vom Rat der Stadt, je nach den Entscheidungen der Erblasser. Mit der Verwaltung der Gelder hatte der Rat Einfluß auf die Besetzung von Stellen. Dies war besonders wichtig für die Besetzung der Stellen von Prädikanten, die in den Kirchen einen reinen Wortgottesdienst ohne Messe versahen. Zwar war dieser neben den allgemeinen Meßgottesdiensten von untergeordneter Bedeutung, gewann aber erhebliche Relevanz als legale Einschleusung evangelischer Prediger durch den jeweiligen Stadtrat in die Kirche. Fast alle bedeutenden Stadtreformatoren sind über diesen Rechtsweg legal als Prädikanten in ihre Ämter gekommen, so z.B. Osiander in Nürnberg, Brenz in Schäbisch-Hall, Alber in Reutlingen, Blarer und Zwick in Konstanz, Gassner in Lindau, Bucer und Capito in Straßburg. Neben diesen mehr rechtlich- kulturellen Voraussetzungen waren es oft auch soziale Konflikte, die sich mit der Reformation verbanden und sie in der Regel förderten. Hier wirkten sich namentlich die Spannungen zwischen den Zünften und dem landbesitzenden Patriziat für die Reformation günstig aus. Im einzelnen kannte die Sozialstruktur der mittelalterlichen Stadt folgende Schichten: Niederes Proletariat oder die Stadtarmut, in den Zünften organisierte Handwerker und Kaufleute, reiche Kaufleute und grundbesitzende Patrizier und schließlich den Klerus. Namentlich Klerus und Patrizier waren oft verschwägert, und kirchliche Klöster bildeten nicht selten die Versorgungsstätten nicht in der Erbfolge stehender adeliger Söhne und Töchter. In dieser Sozialstruktur drückten die sozialen Spannungen von unten nach oben. Immer wieder kam es zu Konflikten zwischen dem Rat und den Zünften oder zwischen dem regierenden kleinen Rat, der von den vermögenden Patriziern gestellt wurde, und dem von den Zünften beherrschten großen Rat. Der kleine Rat hatte die Macht inne und benutzte den großen Rat oft nur als Akklamations-forum für seine autonomen Entscheidungen. In Zürich umfaßte das Verhältnis von kleinem und großem Rat 50 zu 144, in Bern 25 zu 250 und in Basel 42 zu 180 Personen. Oft war der große Rat schon reformatorisch gesinnt, während der kleine Rat die Reformation noch zurückhielt, sieht man einmal von Zürich ab, wo der große Rat den kleinen beherrschte und sich zum entscheidenden Sachwal-ter der Reformation machte. Die Predigt vom Priestertum aller Gläubigen egalisierte den Unterschied zwischen Priestern und Laien und auch die sozialen Klassenunterschiede, jedenfalls stärkte sie das in den Zünften vertretene Bürgertum und fand dessen Sympathie. So wirkten soziale Konflikte oft für die Reformation als Multiplika-toren. Einmal liegt der Primat dieser Wirkungen bei den religiösen, ein anderes Mal bei den sozialen Fragen.

Im einzelnen gibt es für die Stadtreformation typische Verlaufs-phasen: Am Anfang der Reformation in einer Stadt steht in der Re-gel erstens die Predigt des Evangeliums, die zu einer inneren und äu-ßeren Entlastung des mittelalterlichen Menschen führte. Innerlich wirkte die Predigt von der Gerechtigkeit allein aus Glauben entla-stend auf die Überforderung durch die Heiligung und die Notwen-digkeit verdienstlichen Handelns, wenn auch in Zusammenarbeit mit der heiligmachenden Gnade. Äußerlich brachte die Reformation finanzielle Entlastung. Namentlich Ablaßgelder, Stiftungen, Anna-ten und ähnliche Finanzpraktiken entfielen. Vor allem faßte die Re-formation bei den aufstrebenden Schichten einer Stadt Fuß, na-mentlich bei den Handwerkern und Kaufleuten. Auch die 1523 von M. Luther in der Schrift »Daß eine christliche Versammlung oder Gemeine Recht und Macht habe, alle Lehre zu beurteilen und Leh-rer zu berufen, ein- und abzusetzen« (WA 11,408–416) vertretene These, daß die Gemeinde, da die Bischöfe versagten, das Recht auf die freie Pfarrwahl wie das Recht zur Beurteilung der Lehre habe, wirkte emanzipierend. Alle Christen sind Priester durch die Taufe, doch beruft die Gemeinde einzelne aus ihrer Mitte in das kirchliche Amt. Auf die erste durch die evangelische Predigt ausgelöste Phase folgt in einer zweiten ein immer mehr zunehmender Druck auf den Rat der Stadt, die Reformation einzuführen. Die Politik des Rates wirkte meistens zunächst retardierend, da dieser den Ausgleich mit dem Ortsbischof oder dem Kaiser oder im Falle einer landsässigen Stadt mit dem Territorialherrn suchte. Doch war die Mehrheit der Bürger schließlich erdrückend für die Reformation und schließlich auch der Rat selbst von reformatorisch gesinnten Leuten – meist Humanisten – unterwandert, dann gab er in einer dritten Phase schließlich nach und führte die Reformation in seiner Stadt auf dem Boden des Genossenschaftsrechts ein, das mit dem religiösen Frieden den allgemeinen Stadtfrieden zu sichern suchte. Doch durch das gleiche Recht nahm der Stadtrat auch Einfluß auf die neuen, die Gemeinden rechtlich organisierenden Kirchenordnungen und stellte in der Regel damit fest, welche Art von Reformation er wollte bzw. favorisierte. Oft brachen an der Abfassung der Kirchenordnung Streitigkeiten zwischen Rat und reformatorischer Gemeinde aus und führten – wie z. B. in Nürnberg 1548 – dazu, daß der Reformator dieser Stadt, Osiander, die Stadt verließ und sich nach Königsberg absetzte. Die so beschriebenen Verlaufsphasen einer Stadtreformation sind natürlich idealtypisch, im einzelnen verläuft jede Stadtreformation in diesem Rahmen anders. Das gilt sowohl für Nürnberg wie auch für Straßburg, aber auch für die schweizerischen Stadtrepubliken Zürich, Bern und Basel und später auch für Genf. Doch gab es, vor allem in Mittel- und Norddeutschland, die territoriale Reformation, in der die landsässigen Städte der Entscheidung des Territorialherrn, wie z. B. in Kursachsen, in Hessen, in Brandenburg, in der Pfalz, in Württemberg und andernorts folgten.

Zwingli und die Reformation in der Schweiz

Während Martin Luther als ein tief im Katholizismus verankerter Mönch um sein Seelenheil rang und dabei über die Exegese der Hl. Schrift auf den Weg der Reformation kam, gelangte mit Zwingli in Zürich die Reformation im Rahmen der humanistischen Reformtheologie zum Durchbruch. Am 1.1.1484 wurde Huldrych Zwingli als drittes Kind des Landammanns Ulrich Zwingli in Wildhaus, Grafschaft Toggenburg, im Schweizerischen Kanton Glarus geboren. Nach privatem Unterricht bei seinem Onkel, dem Dekan Bartholomäus Zwingli, Pfarrer am Walensee, bezieht Zwingli die Lateinschule in Basel (1494–1496) und Bern (1496–1498). Der Widerspruch der Familie bewirkt (1498) den Austritt aus einem Dominikaner-Kloster in Bern, in das Zwingli als Novize eingetreten war. Es folgt dann das Studium der *artes liberales* in Wien (1498) und Basel (1502). Hier lernte Zwingli den Humanismus in einem Kreis freier Gelehrter kennen, der dennoch auf dem Hintergrund der *via antiqua* eine Verbindung von Scholastik und Humanismus pflegte. Nach der Erlangung des *magister artium* wurde Zwingli 1506 zum Pfarrer von Glarus gewählt und dort am 19.9.1506 zum Priester geweiht. Neben der Arbeit in der Gemeinde hatte er hier genügend Zeit, antike Schriftsteller, Kirchenväter und die Vulgata zu studieren. Seit 1513 erlernt Zwingli im Selbststudium Griechisch. Mit patriotischen Fabelgedichten wendet sich Zwingli gegen einen Söldnerdienst für den französischen König, ist aber selbst bereit, als Feldprediger die Schweizer im Auftrag des Papstes in die Lombardei zu begleiten. Für diese Dienste erhält er von der römischen Kurie eine spezielle Pension. Als es nach der Niederlage von Marignano auch in Glarus zu Sympathieerklärungen für die Franzosen kam, übernahm Zwingli am 1.11.1516 ein Priesteramt in dem Schweizerischen Wallfahrtsort Einsiedeln. Hier studierte er weiter das griechische Neue Testament des Erasmus und fertigte eine griechische Abschrift der paulinischen Briefe an. Er bezeichnet sich selber als Erasmianer und schließt sich der Reformpredigt des Erasmus sowie dessen Kritik an kirchlichen Mißbräuchen an. Im Dezember 1518 übernimmt Zwingli schließlich das Amt eines Leutpriesters am Zürcher Großmünster. In der Zeit von September bis Dezember 1519 erkrankt Zwingli an der Pest. Die Krankheit läßt ihm die Ohnmacht und Endlichkeit menschlichen Lebens deutlich werden und rückt ihn näher an Augustin und dessen These von der Unfreiheit des menschlichen Willens und der Notwendigkeit der göttlichen Gnade für die Befreiung des Menschen. Doch kann man von einer reformatorischen Wende bei Zwingli in dieser Zeit noch nicht sprechen. Sein zu dieser Zeit verfaßtes »Pestlied« steht noch im Einklang mit dem traditionellen Denken. Im Blick auf Augustin bekennt Zwingli später, »Kraft und Inbegriff des Evangeliums aus den Schriften des Johannes und den Traktaten Augustins (zu Johannes) gelernt zu haben« (Z V,712,24–715,1). Eine strengere Orientierung an Augustins Verständnis von Sünde und Rechtfertigung sowie weiteres intensives Schriftstudium bringen Zwingli 1520 ff. in immer größere Distanz zur Erasmianischen Reformtheologie. Immer stärker tritt die Hl. Schrift als die verbindliche Autorität für Theologie und Kirche in das Bewußtsein Zwinglis und veranlaßt ihn, sich von den Voraussetzungen der humanistischen Reformtheologie zu trennen, die unter Beibehaltung von Hl. Schrift, Dogma, Konzilien und Papstgewalt auf eine Erneuerung der Kirche zielte. So hatte Zwingli bereits im Januar 1519 begonnen, ohne Rücksicht auf die Perikopenordnung über den fortlaufenden Text des Matthäus-Evangeliums zu predigen. Außerdem blieb Zwingli die *causa Lutheri* und ihre Öffentlichkeitswirkung von der Leipziger Disputation im Juli 1519 bis zum Wormser Reichstag im April 1521 nicht verborgen. Luthers Bestreitung der Jurisdiktionsgewalt des Papstes und der Behauptung der Irrtumsfähigkeit von Konzilien auf der Leipziger Disputation machte auf Zwingli großen Eindruck. Es waren so vor allen Dingen Luthers kirchenkritische Äußerungen zum Zölibat, zum Ablaß, zur Zehnten-Frage, zur Papstgewalt und Konzilsautorität, die Zwingli beeinflußten. Luthers Theologie spielte für Zwingli zunächst eine eher untergeordnete Rolle, doch dürfte er durch eigenes Schriftstudium 1520/21 deren paulinisches Fundament sich immer mehr angeeignet haben. Auch dürfte ein Einfluß von Lutherschriften nicht zu bestreiten sein. Wenn Zwingli 1523 rückschauend behauptet, »ich habe, bevor jemand in unserer Gegend etwas von Luthers Namen gewußt hat, angefangen das Evangelium Christi zu predigen, im Jahre 1516 …« (Z II,144,32 ff.), dann liegt hier eine bewußte Distanzierung von Luther vor, um nicht den Folgen von Acht und Bann über Luther auf dem Wormser Reichstag im April 1521 ausgesetzt zu sein. Nach einhelliger Meinung der Zwingli-Forschung liegt mit Zwinglis Schrift »Vom Erkiesen und Freiheit der Speisen« (Z I,74–136), mit der Zwingli den Bruch der traditionellen Fastenordnung durch ein demonstratives Wurstessen am Frühabend des ersten Fastensonntags (9.3.1522) im Hause des Buchdruckers Christoph Froschauer rechtfertigte, ein erstes eindeutiges reformatorisches Dokument vor. In Zürich übertrat man bewußt die geltende Fastenordnung, um die christliche Freiheit zu demonstrieren. Zwingli selbst nahm an jenem Fastenbruch im Hause des Buchdruckers Froschauer teil, ohne jedoch von der dargebotenen Wurst zu essen, um nicht von vornherein für weitere reformatorische Maßnahmen in Zürich kompromittiert zu sein.

In der älteren Zwingli-Forschung (P. Wernle, W. Köhler, O. Farner) verstand man Zwingli als erasmianischen Reformtheologen, der seit 1519 mit dem Schrifttum Luthers in Berührung kam und durch den Wittenberger Reformator zu dem reformatorischen Verständnis der paulinischen Briefe gelangte, wodurch er von Erasmus abrückte. Die jüngere Zwingli-Forschung (A. Rich, G. W. Locher und U. Gäbler) betonen dagegen den eigenständigen Weg Zwinglis zur Reformation, ohne jedoch die Einwirkung Luthers auf Zwingli zu bestreiten.

In seiner Schrift »Vom Erkiesen und Freiheit der Speisen« setzt sich Zwingli reformatorisch mit der Fastenfrage auseinander. Grundsätzlich bejaht Zwingli das Fasten, namentlich auch in der Passionszeit, doch darf es nicht zu einer Zwangsforderung für den Christen werden. »Wiltu gern vasten, thu es; wiltu gern das fleisch nit essen, iß es nüt, laß aber mir daby den Christenmenschen fry« (Z I, 106,6,15–17). Der Konstanzer Bischof sandte zur Erörterung der Zürcher Ereignisse eine Delegation, die sich vom 7. bis 9.4.1522 in Zürich aufhielt und sich damit zufriedengab, vor weiteren ähnlichen Störungen zu warnen. Ein weiterer Akt reformatorischer Reformen in Zürich findet sich in einer Eingabe Zwinglis an den Konstanzer Bischof vom 2.7.1522 (*Supplicatio ad Hugonem episcopum Constantiensem*, Z I,189–209), die die Aufhebung des Zölibats und die Freigabe schriftgemäßer evangelischer Predigt forderte. Die Aufhebung des Zölibats war zu dieser Zeit für Zwingli bereits kein theoretisches Problem mehr, da er 1522 mit der gleichaltrigen Witwe Hanna Reinhart eine heimliche Ehe eingegangen war. Eine öffentliche Trauung fand erst am 2.4.1524 statt. Da Zwingli sich mit seiner *Supplicatio* auch an die Eidgenossen wandte und in ihr von mehreren Zürcher Pfarrern unterstützt wurde, erließ der Konstanzer Bischof am 10.8.1522 ein Mandat, in dem er die Zürcher Obrigkeit zur Einhaltung der kirchlichen Ordnung und zum Schutz der Kirche aufforderte. Zwingli bestritt in seinem *Apologeticus Archetelis* vom 22./

23.8.1522 (Z I, 249–327), daß das Kirchenvolk verführt werde, wenn es darum gehe, ihm die evangelische Lehre vorzulegen und schriftgemäß zu predigen. In seiner Schrift »Von Klarheit und Gewißheit des Wortes Gottes« vom 6.9.1522 (Z I, 328–384) stellte Zwingli wiederum die Hl. Schrift als entscheidende Autorität für die Reform von Kirche und Theologie heraus. Entsprechend lud der Große Rat der Stadt Zürich auf den 29.1.1523 zur sog. »Ersten Zürcher Disputation« über die Frage der schriftgemäßen Predigt und die aus ihr folgenden Kirchenreformen ein. Bei dieser Disputation handelt es sich nicht im strengen Sinne um eine Universitätsdisputation, sondern um eine Ratsdisputation, die eine Art Vermittlung von mittelalterlicher Disputation und Diözesan-Synode darstellte und einberufen war, um strittige Religionsfragen zu klären. An eine Disputation erinnerte die Tatsache, daß Zwingli für dieses Treffen 67 sog. Schlußreden formulierte, die zwar ihrerseits wiederum nicht primär auf eine gelehrte Disputation zielten, wohl aber in Thesen das Zürcher Reformationsprogramm und die Frage seiner Schriftgemäßheit zur Diskussion stellten. Ausgangspunkt dieser Schlußreden (Z I, 458–464) ist für Zwingli das Evangelium als Basis aller Kirchenreform (Z I, 458,11 f., These 1). Inhaltlich bestimmt Zwingli als Summe des Evangeliums, daß »unser Herr Christus Jesus, wahrer Gottessohn, uns den Willen Gottes, seines himmlischen Vaters, kundgetan und uns mit seiner Unschuld vom Tode erlöst und mit Gott versöhnt hat. Deshalb ist Christus der einzige Weg zur Seligkeit für alle, die je waren, sind und sein werden« (Z I, 458,13–17, 2. und 3. These). Die Hl. Schrift als Autorität von Kirche und Theologie sowie Christus als Grund unserer Erlösung bilden die Basis von Zwinglis Schlußreden. Auf dieser Basis führt Zwingli weiter aus, daß das Opfer Christi am Kreuz andere Mittel und Wege verbiete, die Sündenvergebung zu erlangen, daß alle Christen gleich seien und daß es deshalb weder eine geistliche Obrigkeit noch eine besondere Lebensform für Kleriker geben dürfe. Damit wendet er sich zugleich gegen Zölibat, Mönchsorden, Priesterkleidung und Gelübde. Der weltlichen Obrigkeit komme das Recht und die Pflicht zu, alle kirchlichen und weltlichen Angelegenheiten zu ordnen, sofern sie christliche Obrigkeit sein wolle. Falls sie jedoch die Richtschnur Christi nicht verfolge, könne sie auch abgesetzt werden. Dieses Programm dokumentiert sich u. a. in folgenden Aussagen:

1. *Alle, so redend, das Evangelium sye nüt on die Bewernus (Bewährung) der Kilchen (Kirche), irrend und schmähend Gott. 2. Summa des Euangelions ist, daß unser Herr Christus Jhesus, warer Gottes Sun (Sohn), uns den Willen sines himmlischen Vatters kundt gethon und mit siner Unschuld vom Tod erlöst und Gott versuent hat. 3. Dannenher der einig (einzig) Weg zur Säligkeit Christus ist aller, die ie warend, sind und werdend. 4. Welcher ein andre Thür suecht oder zeygt, der irt, ja ist ein Mörder der Seelen und ein Dieb. 5. Darumb alle, so ander Leeren dem Evangelio glych oder höher messend, irrend, wissend nitt, was Euangelion ist. 6. Dann Christus Jhesus ist der Wägfuerer und Houptman allem mentschlichen Geschlecht von Gott verheyßen, und ouch geleistet (gegeben). 7. Daß er ein ewig Heyl und Houpt sye aller Glöubigen, die sin Lychnam (Leib) sind, der aber tod ist und nütz (nichts) vermag ohn ihn. 8. Uß dem volgt: Zu eim (zum ersten), daß alle, so in dem Houpt labend, Glider und Kinder Gottes sind, und das ist die Kilch (Kirche) oder Gemeinsame (Gemeinschaft) der Heyligen, ein Hußfrouw Christi: Ecclesia catholica. ... 14. Darumb alle Christenmenschen iren höchsten Flyß ankeren söllend, das Euangelion Christi einig (einzig) geprediget werde allenthalb. 15. Dann in deß Glouben stat unser Heyl, und Unglouben unser Verdamnus; dann alle Wahrheit ist clar in im. 16. Im Evangelio lernet man, daß Menschen Lere und Satzungen zu der Säligkeit nüt nützend. 17. Daß Christus ein einiger, ewiger, obrester Priester ist; daruß ermessen würt, daß, die sich obrest Priester ußgeben hand, der Eer und Gewalt Christi widerstreben, ja verschupfen (verstoßen). 18. Daß Christus sich selbs einest uffgeopfert, in die Ewigheit ein wärend und bezalend Opfer ist für aller Gloubigen Sünd; daruß ermessen würt, die Meß nit ein Opfer, sunder des Opfers ein Widergedechtnuß sin und Sichrung der Erlösung, die Christus uns bewisen hatt. 19. Daß Christus ein einiger Mittler ist zwüschend Gott und uns. ... 22. Daß Christus unser Gerechtikeit ist; darus wir ermessen, daß unser Werck so vil guet, so vil sy Christi, so vil sy aber unser, nit recht, nit guet sind. ... 33. Daß unfertig (unrechtmäßiges) Guet nit Templen, Clöstern, München, Pfaffen, Nonnen, sunder den Dürfftigen geben sol werden, so es dem rechten Besitzer nit widerkert (zurückerstattet) werden mag. 34. Der geistlich genempt (genannte) Gewalt hat sines Prachts keinen Grund uß der Leer Christi, 35. aber der weltlich hat Krafft und Bevestigung uß der Leer und That Christi. 36. Alles, so der geistlich genempt Stat (Staat) im zugehören Rechtes und Rechtes Schirm halb fürgibt, gehört den Weltlichen zu, ob sy Christen sin wöllend. 37. Inen sind ouch schuldig alle Christen gehorsam*

ze sin, niemand ußgenommen, 38. so ferr (sofern) sy nüt gebietend, das wider Got ist. 39. Darumb söllend alle ire Gesatzt dem götlichen Willen glychförmig sin, also, daß sy den Beschwärten beschirmend, ob er schon nüt klagte (auch wenn er vor Gericht keine Klage vorbrächte). ... 42. So sy aber untrüwlich (treulos) und ußer der Schnur (Richtschnur) Christi faren wurdend, mögend sy mit Got entsetzt (abgesetzt) werden. 43. Summa: Deß Rych ist aller best und vestest, der allein mit Gott herschet, und de aller bösest und unstätest, der uß sinem Gemuet. 44. Ware Anbetter rueffend Got im Geist und warlich an, on als (alles) Geschrey vor den Menschen. 45. Glißner (Heuchler) thuend ire Werck, daß sy von den Menschen gesehen werdend; nemend ouch den Lon in disen Zytt in. 46. So mueß ye volgen, daß Tempelgesang oder Gschrey on Andacht und nun (nur) umb Lon entweders Rhuem suecht vor den Menschen oder Gwün. ... 54. Christus hatt all unser Schmertzen und Arbeit getragen. Welcher nun den Bueßwercken zuegibt (zuerkennt), das allein Christi ist, der irt und schmächt (schmäht) Gott. 55. Welcher einerley Sünd den rüwenden (reumütigen) Menschen nachzelassen verhiellt (verwehrte), were nit an Gottes, noch Petri, sunder an des Tüfels Statt. 56. Welcher etlich Sünd allein umb Gelts Willen nachlaßt, ist Simons (Simon, nach dem Zauberer Simon, der die Gabe des Hl. Geistes kaufen wollte, um Gewinn daraus zu schlagen. Apg 8,9ff.) und Balaams (Bileam, 4.Mose 22–24) Gesell und des Tüfels gentlicher (eigentlicher) Bott. 57. Die war, heylig Geschrifft weyßt kein Fegfür nach disen Zytten. 58. Das Urteyl der Abgescheidnen (Verstorbenen) ist allein Got bekant. ... 66. Es söllen alle geistlich Fürgesetzten sich ylentz nyderlassen und einig (einzig) das Crütz Christi, nit die Kisten (gemeint die Geldkisten der Ablaßkrämer), uffrichten, oder sy gond umb. Die Ax (Axt) stat am Boum. 67. Ob yemand begerte, Gespräch mitt mir ze haben von Zinsen, Zehenden, von ungetoufften Kindlinen, von der Firmung, embüt (entbiete) ich mich willig zu antwurten. Hie undernem (unternehme) sich keiner zu stryten mit Sophistery oder Menschentandt, sunder kömme die Geschrifft für ein Richter ze haben, damit man die Warheit oder find, oder, so sy funden ist –als ich hoff – behalt. Amen. Des walt Gott.

Die Disputation vom 29. 1. 1523 fand vor ca. 600 Teilnehmern, Zürcher Ratsmitgliedern und Geistlichen aus Zürich Stadt und Land sowie einer Abordnung des Bischofs unter Leitung von Johann Fabri statt. Im Mittelpunkt der Disputation stand wiederum das Autoritätsproblem. Als Fabri darauf hinwies, daß über die strittigen Religionsfragen nur ein Konzil entscheiden könne, entgegnete Zwingli, daß die Versammlung der Anwesenden der christlichen Versammlung im Sinne der Alten Kirche entspreche. Die Gemeinde sei selbst in der Lage zu urteilen und bedürfe keiner Lehrinstanz von außen. Da während der weiteren Disputation niemand Zwinglis Schlußreden widerlegte, bestätigte der Rat der Stadt Zwinglis Position und forderte ihn auf, in seiner schriftgemäßen Predigt fortzufahren. In der Folgezeit machte sich Zwingli daran, seine 67 Schlußreden in der Schrift »Auslegen und Gründe der Schlußreden« vom 14. 7. 1523 (Z II, 1–457) näher auszuführen und theologisch zu begründen.

Trotz seiner Zustimmung zu Zwinglis schriftgemäßer Predigt scheute der Zürcher Rat zunächst vor praktischen Konsequenzen der Kirchenreform in Zürich zurück. Im September 1523 wurde das Großmünsterstift reformiert, die Zahl der Chorherren und Kapläne wurde auf eine zum »Gotteswort und anderen christlichen Brauch« notwendige Zahl beschränkt, und über das Kirchengut verfügte man zum gemeinen Nutzen, d. h. zur Besoldung der Lehrer und zur Armenpflege. Ende August 1523 schrieb Zwingli einen »Versuch über den Meßkanon«, in dem er die Stellen ausmerzte, die auf die Messe als Opfer hinwiesen. Als es Anfang September 1523 in Zürich zum Bildersturm kam, berief der Rat für den 26.-28. 10. 1523 die sog. »Zweite Zürcher Disputation« ein. An dieser Disputation nahmen etwa 900 Menschen, darunter 350 Priester, teil. Es fehlten jedoch Abgesandte auswärtiger Instanzen. So ließen sich weder Bischöfe noch Eidgenossen vertreten. Unterstützt von dem reformatorischen Zürcher Pfarrer Leo Jud disputierte Zwingli mit dem altgläubigen Chorherrn Konrad Hofmann. Am ersten Tag disputierte man über die Bilder, an denen die Altgläubigen aus pädagogischen Gründen festhalten wollten, die jedoch Zwingli aufgrund des alttestamentlichen Bilderverbotes zurückwies. Am zweiten und dritten Tag wurde über das Wesen der Messe disputiert, wobei die Bestreitung des Opfercharakters der Messe im Mittelpunkt stand. Zwingli forderte wiederum die Obrigkeit auf, geeignet erscheinende Konsequenzen aus der Disputation zu ziehen, damit es keinen Aufruhr gebe. Darin wurde er unterstützt durch den Komtur Schmid aus Küsnacht, der seinerseits die These vertrat, daß man den Schwachen in der Gemeinde für die der Disputation entsprechenden Reformen Zeit lassen solle. Ferner empfahl er, eine kurze Zusammenfassung der evangelischen Lehre zu erstellen, an der sich die Geistlichen in Stadt und Land Zürich orientieren könnten. Diese Zusammenfassung bot Zwingli in seiner Schrift »Kurze, christliche Einleitung« vom 17.11.1523 (Z II, 626–663) dar. Danach sind die Bilder von Gott verboten und das Meßopfer schriftwidrig, weil Christus sich ein für allemal am Kreuz für uns geopfert hat. Es sollte aber noch sieben Monate dauern, bis die Bilder entfernt waren, und 1 1/2 Jahre, bis die Messe durch die evangelische Abendmahlsfeier in Zürich abgelöst wurde. Im übrigen nahm die Kirchenreform in Zürich ihren Lauf. Im April 1524 verehelichten sich Priester; Umgänge, Prozessionen und Wallfahrten wurden abgeschafft.

So sehr Zwingli um der Schwachen willen zurückhaltend war im Blick auf die Abschaffung der Messe, so sehr kritisierte er diese theologisch scharf in dem zwischen September 1524 und März 1525 abgefaßten *Commentarius de vera et falsa religione* (Z III, 628–911). Zwingli widmet diesen Kommentar dem französischen König Franz I. und erwartet eine Prüfung dieser Abhandlung durch französische Gelehrte der Sorbonne. Bei der Beschreibung der falschen Religionen kritisiert Zwingli vor allen Dingen das Papsttum. Der Papst ist als ein der Sünde unterworfener Mensch der Antichrist (Z III, 888,26; 907,5–16) und der Repräsentant der falschen Religion, die ihre Hoffnung nicht auf Christus setzt. Zwingli ist der Meinung, daß die weltliche Obrigkeit hier eine Korrektur herbeiführen möge, was man am Beispiel Deutschlands zur Zeit sehen könne. Zwingli sieht sich neben Luther und deutet Erasmus als zurückgebliebenen Vorläufer, der sich trotz seiner Reformtheologie nicht von der Jurisdiktion der kirchlichen Hierarchie zu trennen vermag. Die wahre Religion setzt dagegen ihre Hoffnung allein auf Christus; er ist die Erlösung des unter dem Anspruch des Gesetzes verzweifelnden Menschen. Die von Christus ausgehende Gnade setzt zugleich instand zu neuer Sittlichkeit, d.h. zur Heiligung, die jedoch die Rechtfertigung nicht ergänzt. Eindeutig verwirft Zwingli den freien Willen in der Frage der Rechtfertigung und trennt sich hier vom erasmischen Humanismus (Z III, 844,25–32). Von diesen Voraussetzungen der wahren Religion her kritisiert Zwingli das Meßopfer, die Heiligenverehrung, die Werkgerechtigkeit u.a. Besondere Aufmerksamkeit widmet Zwingli der Obrigkeit (Z III, 867–880) und der Abendmahlsfrage (Z III, 773–820). Die wahre Religion stützt sich auf die

Obrigkeit als Institution sozialer Ordnung und begründet die in ihr geltende Ethik. Das Wohlergehen des Volkes hängt an einer wahrhaft wahrgenommenen christlichen Obrigkeit (Z III, 867,11 f.). Im Abschnitt über das Abendmahl legt Zwingli dar, mit der signifikativen Deutung der Abendmahlselemente endlich ein dem einmaligen Kreuzesopfer Christi auf Golgatha entsprechendes Verständnis gefunden zu haben. Zurückgehend auf einen Traktat des Holländers Hoen hatte Zwingli in der zweiten Jahreshälfte 1524 seine Abendmahlsauffassung präzisiert. Vor allem ging es ihm um die Deutung der Abendmahlsworte *(hoc est corpus meum)*; gestützt auf den Abendmahlstraktat von Cornelius H. Hoen übersetzt Zwingli das *est* durch *significat*. Das Abendmahl ist nicht der Leib Christi, sondern es bedeutet den Leib Christi. Bestätigt sieht sich Zwingli auch durch Joh 6,63, wonach ihm der geistliche Charakter des Abendmahls feststeht. Darüber kam es schließlich zum Streit mit Luther, zumal sich Zwingli von den Abendmahlstraktaten distanzieren mußte, die der aus Olarmünde ausgewiesene Karlstadt im Spätjahr 1524 in Basel erscheinen ließ. Wie sich in diesem Streit eine Klärung innerhalb des protestantischen Lagers selbst vollzog, werden wir weiter unten (vgl. u. Seite 130–141) sehen.

Aber nicht nur in der Abendmahlsfrage kam es zu innerprotestantischen Auseinandersetzungen, sondern vor allem auch im Taufverständnis. Hier sah sich Zwingli in Zürich selbst mit einer radikalen Reformationspartei um Konrad Grebel und Felix Mantz konfrontiert. Beide waren den Reformmaßnahmen Zwinglis seit 1522 begeistert gefolgt, kritisierten aber die Kompromisse, die Zwingli mit der Tradition zu machen schien. Dabei stand zunächst gar nicht die Frage des Taufverständnisses im Mittelpunkt, sondern das Verständnis einer sich an der Urgemeinde orientierenden Gemeinde von Glaubenden, geprägt durch Antiklerikalismus, Gemeindeautonomie und Loslösung von städtisch-kirchlicher Bevormundung. So kam es in dieser Gruppe auch zur Ablehnung des Zehnten, und Zwingli sah sich genötigt, in seinem Traktat »Von göttlicher und menschlicher Gerechtigkeit« vom 30.7.1523 (Z II, 458–525) die weltliche Obrigkeit zu begründen und ihr auch das Recht auf Abgaben einzuräumen. In diesem Rahmen läßt Zwingli zunächst auch noch den Zehnten und andere Pachtabgaben gelten, wendet sich aber gleichzeitig gegen Zinsmißbrauch und unerträgliche Belastungen der Bauern. Grundsätzlich unterscheidet Zwingli zwischen der göttlichen und der menschlichen Gerechtigkeit. Da nicht alle Menschen das Liebesgebot halten, sind weitere Gebote zum Schutz des Nächsten nötig. Diese Gebote wenden sich gegen zeitliche Not und richten die »arme menschliche Gerechtigkeit« auf. Um sie durchzusetzen ist das Schwert der Obrigkeit vonnöten. Wie in dieser Frage, so war den Kreisen um Grebel Zwinglis Reformation nicht radikal genug. Namentlich stieß er nicht zu einem von der Obrigkeit unabhängigen, allein auf dem Glauben beruhenden, christlichen Gemeindeverständnis vor. Das Verständnis der Gemeinde als Gemeinde der Glaubenden führte schließlich zu einer sich schon bei Karlstadt und Thomas Müntzer anbahnenden Kritik der Kindertaufe. Entsprechend kam es im Frühjahr 1524 zur ersten Taufverweigerung. Im August 1524 reagierte der Zürcher Rat auf den Aufruhr der Radikalen und bestand auf der Pflicht zur Taufe aller neugeborenen Kinder. Als im Spätherbst 1524 Gespräche zwischen den Radikalen und den Zürcher Leutpriestern nicht zu einem Ergebnis führten, zog schließlich Zwingli in seiner Schrift »Wer Ursache gebe zu Aufruhr« einen scharfen Trennstrich zu den Radikalen. Am 17.1.1525 lud der Rat der Stadt die Taufgesinnten zu einer öffentlichen Disputation ein, in der sie ihr Taufverständnis aufgrund der Hl. Schrift verteidigen sollten. Als dies nicht gelang, erklärte der Rat der Stadt die Position der Radikalen für falsch und verfügte, daß diejenigen, die die Taufe ihrer neugeborenen Kinder verweigern würden, unverzüglich das Zürcher Gebiet zu verlassen hätten. Dieses Mandat führte aber zur weiteren Radikalisierung der Täufergruppen, und so kam es am 21.1.1525 zu ersten Erwachsenentaufen in der Gemeinde Zollikon. Bei dieser Gelegenheit spendete Grebel dem aus Graubünden stammenden ehemaligen Priester Jörg, genannt Blaurock, die Glaubenstaufe und dieser vollzog sie dann wiederum an seinen Brüdern. Schließlich feierte man nach neutestamentlichem Vorbild das Abendmahl als Gedächtnis- und Liebesmahl und rief die erste Zürcher Täufergemeinde in Zollikon ins Leben. Als daraufhin der Rat weiter gegen die Täufer vorging und sie des Landes verwies, verbreiteten diese die Taufbewegung in der übrigen Schweiz und in Süddeutschland. Am 7.3.1526 drohte der Rat schließlich den Tod durch Ertränken jedermann an, der die Wiedertaufe spendete. Konrad Grebel, der im Sommer 1526 der Pest erlag, entging diesem angedrohten Schicksal, dagegen wurde am 5. 1. 1527 Felix Mantz zum ersten Märtyrer der Täufer durch Ertränken in der Zürcher Limmat. In seiner Schrift »Von der Taufe, von der Wiedertaufe und von der Kindertaufe« vom 27. 5. 1525 (Z IV, 188–337) hatte sich inzwischen Zwingli auch theologisch von den Täufern abgegrenzt. Zwar teilte er mit diesen die Auffassung von der Zeichenhaftigkeit des Taufsakramentes, verstand es nicht länger als Gnadenmittel und sah in ihm aber wie die Täufer ein äußeres Verpflichtungszeichen der Zugehörigkeit zur lebendigen christlichen Gemeinde. Nur folgte für Zwingli aus diesem Sakramentsverständnis nicht die Ablehnung der Kindertaufe. Diese sei zwar in der Bibel weder geboten noch verboten, aber im alttestamentlichen Zeichen der Beschneidung doch vorausdargestellt. Im übrigen verpflichte die Kindertaufe die Jugendlichen zum christlichen Lebenswandel und deren Eltern zu christlicher Erziehung (Z IV, 331,17–333,8). Diese Position verdeutlichte Zwingli weiter in seiner Antwort auf Balthasar Hubmaiers »Taufbüchlein« vom 5. 11. 1525 (Z IV, 577–642), in der er sich gegen den zeitweilig in Zürich weilenden, ehemaligen Theologieprofessor wandte, der zum Theoretiker des Täufertums geworden war.

In der Schrift *In catabaptistarum strophas elenchus* (Widerlegung der Ränke der Wiedertäufer) vom 31. 7. 1527 (Z VI/I, 1–196) wandte sich Zwingli schließlich gegen die weitere Ausweitung des Täufertums und namentlich gegen dessen Schleitheimer Artikel vom 24. 2. 1527 (vgl. u. Seite 142–143) und begründete die Kindertaufe nun vom alttestamentlichen Bundesgedanken her, der durch das Zeichen der Beschneidung auch unverständige Kinder in den Bund Gottes aufnehme. In Zürich selbst wurde die Täuferbewegung inzwischen völlig zurückgedrängt. Nun stabilisierte sich die zwinglische Reformation. Ein Ratsmandat vom 8. 4. 1528 forderte alle Geistlichen auf, sich zweimal im Jahr in Zürich einzufinden und ihre Lehre und ihr sittliches Verhalten überprüfen zu lassen.

Inzwischen weitete sich die zwinglische Reformation in der Schweiz weiter aus. So verhalf ihr in St. Gallen J. Vadian (1483–1551) 1526 zum Durchbruch. In Bern setzte sich unter B. Haller (1492–1536) die Reformation in Gegenwart von Zwingli in einer eigens dazu einberufenen Disputation von 5. 1. bis 26. 1. 1528 durch. 1529 folgten Chur, Schaffhausen und Basel unter seinem Reformator Oekolampad. Genf sollte 1534 folgen und ab 1536 durch Johannes Calvin eine eigene Prägung erhalten. Eine Disputation in Baden vom 21.5. bis 8.6.1526, an der von reformatorischer Seite Oekolampad und von altgläubiger Seite Eck und Fabri teilnahmen, führte zwar noch einmal zu einem Sieg der Altgläubigen mit ihrer Verteidigung der Realpräsenz Christi sowie des Opfercharakters der Messe, konnte aber die Ausbreitung der zwinglischen Reformation in der Nord- und Westschweiz nicht aufhalten. Dem »Verdikt von Baden« schlossen sich Luzern, Uri, Schwyz, Unterwalden, Zug, Glarus, Frei- burg, Solothurn und Appenzell an, die in Zukunft die katholische Partei in der Schweiz stärkten. Als Zwingli schließlich die Reforma- tion mit politischen Mitteln durchsetzen wollte und 1529 einen Burgfrieden zwischen den Städten Zürich, Konstanz, Bern, St. Gal- len, Mülhausen im Elsaß, Basel und Straßburg schloß und außer- dem auf dem Religionsgespräch von Marburg vom 1. bis 4.10.1529 Kontakte zu Philipp von Hessen im Interesse einer antihabsburgi- schen Koalition der reformatorischen Kräfte aufnahm, schlossen sich die katholischen Orte 1529 zu einer christlichen Vereinigung zusammen. Das führte am 8.6.1529 zu einer Kriegserklärung Zü- richs gegenüber der schweizerischen katholischen Vereinigung, die jedoch nach eingehenden Verhandlungen am 26.6.1529 im sog. »Ersten Kappeler Landfrieden« zurückgenommen wurde. Die ka- tholischen Orte mußten ihr Bündnis und entsprechende Kontakte zu dem österreichischen König Ferdinand aufgeben. Die Konfronta- tion zwischen der reformierten und der katholischen Schweiz aber blieb explosiv, und so kam es am 9.10.1531 zum Kappeler Krieg, in dem die Reformierten unter Führung von Zürich geschlagen wur- den. Zwingli war als Feldprediger mit in die Schlacht gezogen und fiel dort am 11.10.1531. Im »Zweiten Kappeler Landfrieden« mußte Zürich seine auswärtige und innere schweizerische Bündnis- politik aufgeben und auf eine aggressive Durchsetzung der Reforma- tion in der Schweiz verzichten. Nachfolger Zwinglis in Zürich wur- de am 9.12.1531 Heinrich Bullinger (1504–1575), der nun als Anti- stes die Geschicke der Zürcher Reformation weiter bestimmte. Eine Zürcher Synodalordnung von 1532 sowie die *Confessio helvetica prior* von 1536 gehen auf Bullinger zurück und führen zur weiteren Stabilisierung der Reformation in der Schweiz.

Klärungsprozesse der Reformation in den zwanziger Jahren des 16. Jahrhunderts

Die Reichsritterschaft

Luthers Aufnahme der *Gravamina nationis germanicae* und seine Aufforderung »An den christlichen Adel deutscher Nation. Von des christlichen Standes Besserung«, die von der Kirche verweigerten Reformen in Deutschland voranzutreiben, fand auch bei Humanisten und Reichsrittern Gehör. Sie versprachen sich von der aufbrechenden Reformation Unterstützung für ihre wirtschaftlichen, sozialen und politischen Interessen, waren sie doch durch die Umbrüche von der Natural- zur Geldwirtschaft, vom Lehnsstaat zum Territorial- und Beamtenstaat und vom Ritter- zum Söldnerheer in wirtschaftliche Konflikte und in eine Krise ihrer gesellschaftlichen Rolle geraten. Sie sahen sich immer mehr in Gefahr, ihre Macht an aufstrebende Städte und Territorialfürsten abgeben zu müssen. Um ihrer wirtschaftlichen Not aufzuhelfen, nutzten sie Privatfehden und mit dem Bruch des Landfriedens verbundene Raubzüge. Als der Humanist Ulrich von Hutten (1488–1523) Ende 1520 auf der Ebernburg bei Franz von Sickingen (1481–1523) Zuflucht gefunden hatte und von dort einen nationalen Humanismus und den Kampf um deutsche Freiheit und Gerechtigkeit propagierte, sympathisierten die deutschen Ritter immer stärker mit der Reformation. Einer der bedeutendsten unter ihnen war Franz von Sickingen, Sproß eines seit 1488 reichsfreien Ministerialgeschlechtes. Er hatte seine Macht durch Fehden gegen Worms, Metz, Frankfurt, Lothringen und Hessen ausgebaut und durch erpresserische Geldforderungen verstärkt. Bei der Kaiserwahl sprach er sich für Karl V. aus und zog 1519 mit in den Krieg gegen Ulrich von Württemberg. Angesichts seiner Sympathie für die emanzipatorischen Kräfte der aufbrechenden Reformation fanden auch spätere Reformatoren wie Bucer und Oekolampad Zuflucht auf seinen Burgen. 1522 bekundete er offen in der Flugschrift »Sendbrief zur Unterrichtung etlicher Artikel christliches glaubens« seine Sympathie für die Reformation. Als die Ritter des mittel- und oberrheinischen Gebietes ihn am 13. 8. 1522 zu ihrem Hauptmann wählten, fühlte sich Sickingen ermutigt, seine Macht auf Kosten des Erzbistums Trier und des Erzbischofs Richard von Greiffenklau auszudehnen. In einem Fehdebrief von August 1522 sprach er Rechtsverletzungen des Bischofs sowie dessen Sympathie für Franz I. bei der deutschen Kaiserwahl und seine kritische Haltung gegenüber der aufbrechenden Reformation an. Sickingen träumte davon, durch Säkularisierung des Erzstiftes Trier selber zur Fürstenmacht aufzusteigen und zog in einen Raubzug gegen Richard von Greiffenklau. Nachdem er die Städte Blieskastel und St. Wendel im September 1522 eingenommen hatte, erschien er am 8. 9. 1522 vor den Toren Triers, doch hatte inzwischen Richard von Greiffenklau die Stadt zur Festung ausgebaut, und Sickingen mußte unverrichteter Dinge wieder abziehen. Zusammen mit dem Landgrafen Philipp von Hessen und dem Kurfürsten von der Pfalz holte im April 1523 Richard von Greiffenklau dann zum Gegenschlag gegen Sikkingen aus und unterwarf ihn im Mai 1523. Sickingen selbst fand auf seiner Burg Landstuhl den Tod.

Diese Unterwerfung der sich etablierenden Reichsrittermacht durch die vereinten Territorialherrn führte zur Krise des Rittertums in Deutschland. Als es schließlich noch dem Schwäbischen Bund unter Führung des Truchseß Georg von Waldburg gelang, die schwäbischen und fränkischen Ritter unter seine Botmäßigkeit zu zwingen und ihre Fehden und Landfriedensbrüche zu beenden, war die politische Rolle der deutschen Ritter und ihr Kampf für die deutsche Freiheit und Gerechtigkeit im 16. Jh. gebrochen. Ulrich von Hutten zog unstet durch Deutschland und fand schließlich Aufnahme bei Zwingli in Zürich, wo er 1523 starb. Seine letzte Ruhestätte fand er auf der Insel Ufenau im Zürcher See. Aber nicht nur die deutschen Ritter, sondern auch die deutschen Bauern verbanden mit der aufbrechenden Reformationsbewegung elementare soziale und wirtschaftliche Interessen.

Karlstadt und Müntzer

Nicht nur Zwingli, sondern auch Luther sah sich im weiteren Verlauf der Reformation mit radikalen Forderungen konfrontiert. Wichtige Vertreter dieser *radical Reformation* (Ch. Williams, Philadelphia, 1962) bzw. des sog. linken Flügels der Reformation waren Karlstadt alias Andreas Rudolf Bodenstein aus Karlstadt am Main und Thomas Müntzer. Beide hatten sich an der Seite Luthers zunächst für die Ziele und Programme der Wittenberger Reformation eingesetzt, doch zu Beginn der 20er Jahre wurde deutlich, daß sie dabei von Denkvoraussetzungen ausgingen, die nicht die Martin Luthers waren. Es war namentlich Augustinus, der in Wittenberg den Thomisten Karlstadt an die Seite Luthers führte. So verfaßte Karlstadt im April 1517 151 Thesen zur Theologie Augustins, die von Luther als Dokumente seiner neuen Theologie gefeiert wurden, und einen Kommentar zu Augustins Schrift *De spiritu et littera*. Im Juli 1519 disputierte er an der Seite Luthers mit Eck in Leipzig über das Verhältnis von Gnade und freiem Willen. Die Gnade verstand er dabei als die Befreiung des Willens, durch die dieser zur Erfüllung des göttlichen Gesetzes instandgesetzt wird. Es war auch, wie wir gesehen haben, die Perspektive des Gesetzes, die Karlstadt während Luthers Wartburgzeit in Wittenberg auf konsequente Reformen drängen ließ. Für die Rücksicht auf die Schwachen, die Luther im März 1522 in seinen berühmten *Invocavit*-Predigten forderte, hatte Karlstadt keinen Sinn. Er wollte nicht, wie Luther, warten, bis sich bei den Schwachen bessere Einsicht einstelle, denn das hieße, ein Kind mit einem scharfen Messer spielen zu lassen, bis es klug genug sei, es wegzulegen. »Wir sollten gerade den Schwachen solch' schädliche Dinge nehmen und aus ihren Händen reißen und nicht achten, ob sie darum weinen, schrcien oder fluchen« (Hertzsch I, 88). Es kam zu einer Entfremdung von Luther und der Wittenberger Gemeinde. Da ihm in Wittenberg die Kanzel verboten wurde und eine Schrift, in der er seine von Luther rückgängig gemachten Reformen verteidigte, der Zensur der Wittenberger Universität verfiel, verließ Karlstadt Mitte 1523 Wittenberg und übernahm in Orlamünde eine Pfarrei, deren Einkünfte er als Archidiakon des Allerheiligenstiftes Wittenberg verwaltete. Hier versuchte er nun, die ihm in Wittenberg verweigerten Reformen durchzusetzen. Er läßt die Bilder aus der

Kirche entfernen, da sie den gemeinen Mann zum Götzendienst verführen und außerdem im Alten Testament verboten sind. Unter Aufnahme von Gedankengut der deutschen Mystik drängt Karlstadt auf den Geistbesitz der einfachen Laien. Die wichtigste Tugend ist ihm die Gelassenheit, die innere Sammlung und Heiligung. Es geht um den inneren Sabbat als Voraussetzung für die Ankunft des Geistes in der Seele des Menschen. Am 22.8.1524 kam es zu einer persönlichen Begegnung Luthers mit Karlstadt in Jena. Luther warf Karlstadt vor, »er stehe ... bei den neuen Propheten«, gemeint waren Müntzer und die Zwickauer Propheten. Karlstadt antwortete: »Wo sie recht und Wahrheit haben; wo sie unrecht seien, da stehe der Teufel bei« (WA 15,239,27 f.) Am 24.8.1524 kam es zu einer unerfreulichen Begegnung zwischen Karlstadt und Luther in dessen Orlamünder Gemeinde. Dabei ging es vor allem um die Frage der Funktion von Bildern im Gottesdienst. Luther versuchte vergeblich, den Orlamündern den Unterschied zwischen Götzenbildern und christlichen Bildern, von »Bilder haben« und »Bilder anbeten« deutlich zu machen. Doch die Orlamünder antworteten, daß die Seele, wenn sie schon aller erlaubten Kreaturen los und ledig sein müsse, um so mehr bedeckt und verwickelt werde mit der äußeren Welt, wenn sie sich mit verbotenen Bildern belustige. Dahinter steckte Karlstadts These von der notwendigen Entgröberung der Seele, von der mystischen Trennung der Seele von allem Äußerlichen. Nachdem es zu einer gütlichen Einigung mit Karlstadt und der Orlamünder Gemeinde nicht kam, entschloß sich Herzog Johann am 18.9.1524, Karlstadt aus Kursachsen auszuweisen. Karlstadt ging u.a. nach Straßburg, wo er zu einer heftigen Agitation gegen Luther ausholte und fünf kleinere Traktate verfaßte, namentlich zur Bilder- und Abendmahlsfrage. In der Abendmahlsfrage zeigte sich, wie sehr Karlstadt im Unterschied zu Luther konsequenter Augustiner geblieben war. So vertrat er ein symbolisches Abendmahlsverständnis; Brot und Wein sind bloße Zeichen, die die geistliche Sache des Abendmahls nicht vermitteln, sondern nur auf sie verweisen können. Das verband sich mit dem mystischen Gedanken, daß der Geist unmittelbar, ohne äußere Zeichen an der Seele des Menschen wirkt, indem er sie entgröbert und im inneren Sabbat in sie einkehrt. Wie die Wirksamkeit der Abendmahlselemente, so bestritt Karlstadt auch die Realpräsenz Christi im Abendmahl. So habe

Christus mit den Abendmahlsworten »Dies ist mein Leib, dies ist mein Blut« nicht auf die Realpräsenz im Abendmahl hinweisen wollen, sondern auf sich selbst bzw. seinen eigenen Leib, der am Kreuz von Golgatha für unsere Erlösung geopfert wurde. »Ich [Karlstadt] habe es stets auf diese Weise geschätzt, daß Christus auf seinen eigenen Leib gedeutet und also gesagt hat: ›Dies ist der Leib mein, der für euch gegeben wird‹, denn Christus deutete nicht auf das Brot, er sprach auch nicht also: ›Das Brot ist mein Leib, der für euch hingegeben wird‹. Die aber sprechen, daß das Brot der Leib sei, die reden aus ihrem eigenen ... Höret zu, Jesus nahm das Brot, dankte Gott und brach es und gab es seinen Jüngern und sprach, sie sollten es in seinem Gedächtnis essen, und setzte mitten in sein Wort die Ursach und Weise seines Gedächtnisses. Nämlich derhalben und also, daß seine Jünger gedenken sollten, daß er seinen Leib für sie hingegeben hat« (Hertzsch II,17). So wird das Abendmahl für Karlstadt zu einem reinen Gedächtnismahl. »Christi Leib ist nicht im Brot, auch ist sein Blut nicht im Kelch. Wir sollen aber das Brot des Herrn in dem Gedächtnis oder der Erkenntnis seines Leibes essen, den er für uns in die Hände der Ungerechten gab, und aus dem Kelch trinken in der Erkenntnis seines Blutes, das Christus für uns ausgoß, d. h. in der Erkenntnis des Todes Christi essen und trinken« (Hertzsch II,49). Solche Thesen lösten in Straßburg heftige Diskussionen aus. Als schließlich die Straßburger Luther fragten, wie sie sich gegenüber Karlstadt verhalten sollten, schrieb Luther im Dezember 1524 seinen »Brief an die Christen zu Straßburg wider den Schwarmgeist« (WA 15,391–397). Er empfiehlt den Straßburger »Evangelisten«, ihre Gemeindeglieder von Luther und Karlstadt weg auf Christus zu weisen (WA 15,396,16 f.) und sich zu fragen, ob das, was jemand lehre, zu Christen mache oder nicht. Was das Abendmahl angeht, so verweist Luther zunächst selbst auf die Schwierigkeiten, die er mit der Frage der Realpräsenz Christi im Abendmahl hatte, bekennt aber, daß die biblischen Texte vom Abendmahl zu gewaltig seien und ihn überwunden hätten. Mehr als ein kurzes seelsorgerliches Wort wollte der Sendbrief an die Straßburger nicht sein. Luther verweist wiederholt auf eine umfassende Auseinandersetzung mit Karlstadt, die er dann im Dezember 1524/Januar 1525 in seiner Schrift »Wider die himmlischen Propheten, von den Bildern und Sakrament« in Angriff nahm. Es ist die erste große Schrift, mit der Luther in die innerprotestantische Klärung des Gottesdienst- und Sakramentsverständnisses eingreift und seine in *De captivitate Babylonica ecclesiae* gewonnene Position gegen deren Entleerung mit mystischen oder spiritualistischen Kategorien verteidigt. In allen aus der Neuentdeckung des Evangeliums folgenden Reformen gehe es um das Verhältnis von Gesetz und christlicher Freiheit. Was die Bilder angeht, so hält Luther an diesen aus pädagogischen Gründen fest und erklärt, daß sie für das Christentum des 16. Jhs. nicht mehr die Gefahr des Götzendienstes mit sich brächten. Die Scheu vor dem Götzendienst sei für die Christen ebenso vergangen wie die vor Tempel und Götzenopferfleisch (1.Kor 8). Im übrigen gehöre das Bilderverbot zu dem zeremoniellen Teil des mosaischen Gesetzes. Dieses sei geschichtliches jüdisches Recht, der »Juden Sachsenspiegel«. Die Christen verpflichteten allein die Forderungen des Dekalogs, die auf jeden Menschen gerichtet sind und mit dem ins Herz geschriebenen Gesetz übereinstimmten. Luther bejaht damit die Repräsentation des Gesetzes Gottes im natürlichen Gesetz, das dem Menschen ins Herz geschrieben sei. Dieses sei jedoch geschichtlich in seiner reinsten Form im Dekalog zur Geltung gekommen und müsse immer wieder gepredigt werden, weil der Teufel das menschliche Herz und Gewissen immer verblendet, so daß die Menschen »solch Gesetz nicht allezeit fühlen, darum muß man sie schreiben und predigen, bis Gott mitwirke und sie erleuchte, daß sie es im Herzen fühlen, wie es im Wort lautet« (WA 18,81,1–3). Gegenüber Karlstadt ging es Luther dabei darum, die Freiheit des Christen gegenüber dem Gesetz zu verdeutlichen und nicht erneut preiszugeben. Im Blick auf die Bilder bedeutete das, Bilder zu haben ist nicht nur frei, sondern auch wünschenswert, und zwar Bilder aller Art, nämlich solche, die uns Freude an den Kreaturen machen, vor allem aber biblische Bilder. Was das Abendmahl angeht, so weist Luther die Deutung durch Karlstadt zurück. Die Einsetzungsworte in den Evangelien und bei Paulus (1.Kor 11,24f.) bezeugten, daß der gesegnete Kelch und das gebrochene Brot real die Gemeinschaft mit Leib und Blut Christi gewähren. Ferner bindet Luther die Realpräsenz im Abendmahl strikt an die Wirkungsmächtigkeit des Verheißungswortes, das die Elemente erst wahrhaft zum Sakrament macht. Mit dieser Kritik an Karlstadts Abendmahlsverständnis wies Luther zugleich die spirituelle Mystik zurück, die hinter dessen Abendmahlsverständnis stand. Mit ihrer rationalen Mystik würden die himmlischen Propheten die von Gott gesetzte Ordnung auf den Kopf stellen: »Was Gott vom innerlichen Glauben und Geist ordnet, da machen sie ein menschlich Werk draus. Wiederum was Gott vom äußerlichen Wort und Zeichen und Werk ordnet, da machen sie einen innerlichen Geist draus« (WA 18,139,3 ff.). Die Reform des Gottesdienstes, die Gott an die Freiheit des inneren Glaubens bindet, machen sie zu einer äußerlichen Agitation. Die Erfahrung des Glaubens aber, die Gott aus dem äußerlichen Wort des Hl. Geistes hervorgehen läßt, machen sie zu einer innerlichen mystisch verstandenen Seelenarbeit. Mit diesen Überlegungen hatte Luther die Grenze gegen eine mystische Entleerung und Vergesetzlichung der Reformation gezogen.

Karlstadt führt hinfort ein unstetes Leben. Nach zwischenzeitlicher Rückkehr nach Sachsen finden wir ihn 1530 in Zürich, wo er als Korrektor in einer Buchdruckerei und als Diakon in einem Spital arbeitet. Schließlich gibt Karlstadt seine bildungsfeindliche Laienfrömmigkeit auf, und wir finden ihn ab 1534 als Prediger und Professor in Basel. Hier starb Karlstadt 1541 an der Pest. Luthers Schrift »Wider die himmlischen Propheten« und die in ihr kritisierte Verkehrung der inneren und äußeren Ordnung Gottes hatte aber nicht nur Karlstadt im Blick, sondern auch Thomas Müntzer.

Thomas Müntzer stammte aus Stolberg am Harz. Näheres über seine Jugend wissen wir nicht. Wenn wir mit H. Boehmer davon ausgehen, daß weniger bemittelte junge Leute sich in der Regel erst dann an einer Universität immatrikulierten, wenn sie das für das Bakkalaureat erforderliche Mindestalter von 17 Jahren erreicht hatten, ist für Müntzer das Geburtsjahr 1488 oder 1489 anzusetzen, denn am 16.10.1506 wurde in Leipzig ein Thomas Müntzer aus Quedlinburg immatrikuliert. Noch 1512 finden wir Müntzer als Student in Frankfurt a.O. Sein Studium zog sich ungewöhnlich lange hin und Müntzer hatte eine das übliche Maß übersteigende Bildung. Er hatte vor allem Kirchenväter, Mystiker, Joachim von Fiore und die Hl. Schrift studiert, um derentwillen er auch Griechisch und Hebräisch lernte. Schließlich wurde Müntzer Priester in der Diözese Halberstadt. 1513 ist er in Aschersleben in eine Fehde gegen Erzbischof Ernst von Magdeburg-Halberstadt, einem Bruder Friedrichs des Weisen, verwickelt. Ab 1516 finden wir ihn als Propst am Nonnenkloster Frohse. Zwischenzeitlich hat sich Müntzer vermutlich auch in Wittenberg aufgehalten und ist u. a. Luther während der Leipziger Disputation im Juli 1519 begegnet. Ende 1519 finden wir ihn als Beichtvater im Nonnenkloster Beuditz, östlich von Naumburg. Hier hatte er bei geringem Gehalt viel Zeit zum Studium und beschäftigte sich vor allen Dingen mit Augustin, Tauler, Seuse und den Akten der Konzilien von Konstanz und Basel. Auf Luthers Empfehlung wurde er im Mai 1520 Vertreter des Pfarrers Johann Silvius Egranus an St. Marien in Zwickau, und nach dessen Rückkehr übernahm er dort die kleinere Katharinenkirche mit einer Gemeinde von Handwerkern, Bergleuten und Tuchmachern. Aufgrund seiner Studien der deutschen Mystik entwickelte er in Zwickau Sympathien für den Antiklerikalismus und die Laienfrömmigkeit der Zwickauer Propheten um Nikolaus Storch. Ihre auf unmittelbare Geisterfahrung dringende Frömmigkeit veranlaßte wiederum Müntzer zu heftigen Angriffen auf die am Buchstaben der Hl. Schrift hängenden Humanisten und namentlich auf den Erasmianer Egranus, den Pfarrer an St. Marien. Als Müntzer schließlich auch in politisch-soziale Konflikte der Stadt verwickelt war, setzte ihn der Rat der Stadt Zwickau am 16. 4. 1521 ab. Müntzer flieht noch in derselben Nacht und begibt sich nach Böhmen, wo ihn die chiliastische Tradition der Taboriten anzieht. Er predigt in Prag und sucht hier durch einen Aufruf, das sog. »Prager Manifest« vom 1. 11. 1521, Anhänger zu gewinnen. In diesem Schriftstück werden zum erstenmal seine mystisch-chiliastischen Anschauungen sichtbar. Müntzer betont die Notwendigkeit eines siebenfältigen Hl. Geistes, besonders des Geistes der Furcht Gottes für die Übung des Glaubens. Ohne Geist können wir Gott weder hören noch erkennen. Der Geist greift in uns Raum, wenn wir dem gekreuzigten Christus in uns gleichförmig werden und uns von allem Verhaftetsein der Seele an die äußerlichen Dinge der Welt lösen. Auf diesem inneren Leidensweg, dem auch äußere Leiden entsprechen, werden wir bereit für die Geburt des ewigen Gotteswortes in uns, die zugleich mystisch als Geistbegabung sich vollzieht. Dieses Geistverständnis verbindet sich im »Prager Manifest« mit Antiklerikalismus. So kritisiert Müntzer die Pfaffen, die nur die »kalte« und »bloße Schrift« bieten. Sie sind Diebe und Räuber, die das »Wort Gottes aus dem Munde des Nächsten stehlen« (Franz, 492,2 f.). Und »die Schafe wissen nicht, daß sie die lebendige Stimme Gottes hören sollen, d. h. daß sie alle Offenbarung haben sollen« (aaO. 501,16–17). Denn »die Herzen der Menschen sind das Papier oder Pergament, worauf Gott mit seinem Finger, nicht mit Tinte, seinen unverrückbaren Willen und seine ewige Weisheit einschreibt. Diese Schrift kann jeder Mensch lesen, so er überhaupt eine aufgetane Vernunft hat« (aaO. 492,6–10). Ist die Kirche durch die Gelehrten und Pfaffen nach Müntzer zur Hure geworden, dann soll sie nun, da Gott den Weizen vom Unkraut scheidet und Müntzer zur Ernte bestellt hat, eine neue apostolische Kirche werden, zunächst in Böhmen und dann überall. In Böhmen jedoch blieb das »Prager Manifest« ohne die erwartete Wirkung. Die folgende Zeit Müntzers bis zum Frühjahr 1523 liegt im Dunkeln. Wahrscheinlich hat sich Müntzer in seiner mitteldeutschen Heimat aufgehalten und im Dienst eines Frauenklosters in Halle gestanden. Sein Leid und seine äußere Armut in dieser Zeit sah er aber als Zeichen der Erwählung an. So schrieb er am 19. 3. 1523 an seine Anhänger: »In solcher Anfechtung wird der Seele Abgrund geräumet … es kann niemand Gottes Barmherzigkeit finden, er muß verlassen sein wie Isaias (Jes 28,19 und 54,7) sagt … (Joh 16,7), der Hl. Geist kann niemand gegeben werden denn dem Trostlosen, darum laß mein Leiden dem euren ein Ebenbild sein, laßt alles Unkraut aufblasen, wie es will, es muß unter den Dreschflegel mit dem reinen Weizen. Der lebendige Gott macht also scharf seine Sense in mir, daß ich danach die roten Kornrosen und die blauen Blümlein schneiden kann« (aaO. 388,1–6). Ostern 1523 endet Müntzers Umherwandern. Er wird Pfarrer an der Johanneskirche in Allstedt, einer kleinen Stadt von Handwerkern und Ackerbürgern. Hier gewinnt er das Vertrauen des kurfürstlichen Schössers Johannes Zeyß und des ehemaligen Pfarrers und hat Gelegenheit, seine Ideen in die Tat umzusetzen. Seine Taten beziehen sich dabei zunächst auf die Reform des Gottesdienstes im »Deutsch-Kirchenamt«, und in der »Deutsch-evangelischen Messe« schafft er die erste vollständige deutsche Liturgie und gibt in der »Ordnung und Berechnung des deutschen Amtes zu Allstedt« dazu eine theologische Begründung. Müntzers liturgische Reformen in Allstedt sind sehr beachtenswert und wurden erst durch Luthers »Deutsche Messe« von 1526 abgelöst. Inzwischen fühlt sich Müntzer als selbständige reformatorische Kraft und distanziert sich immer mehr von den Wittenbergern. In zwei Schriften vom Ende 1523 »Von dem gedichteten Glauben« (aaO. 217–224) und in »Protestation oder Erbietung ... Von dem rechten Christenglauben und der Taufe« (aaO. 225–240) warnt Müntzer vor einer Überschätzung der äußeren Wassertaufe. Die Jünger Jesu hätten nicht mit Wasser getauft, und Wasser sei nach Joh 3,5 überhaupt im vierten Evangelium als Bewegung des Geistes zu verstehen, die die innere wahre und unbedingt notwendige Taufe wirke. Damit setzt Müntzer auf die Geisttaufe, ohne jedoch die Erwachsenentaufe im Unterschied zur Kindertaufe bereits zu fordern. Das geschieht erst bei dem Müntzer-Schüler und Täufer Hans Hut. Gegen Luther macht er geltend, daß dieser nur einen gedichteten Glauben habe, den nur ein Mietling (Joh 10,27) predigt: »Glaube, glaube! Halt dich fest, fest an einem starcken, starcken Glauben« (aaO. 222,17 f.). Luther lehre einen honigsüßen, nicht einen bitteren, den halben, nicht den ganzen Christus, den man nur glauben könne, wenn man zuvor in Leiden und Kreuz mit ihm gleichförmig geworden sei. Thomas Müntzer fühlte sich zu dieser Polemik herausgefordert, als der Allstedt benachbarte Graf von Mansfeld seinen Untertanen unter Berufung auf ein Mandat des Nürnberger Reichstags verbot, den Gottesdienst Müntzers in Allstedt zu besuchen, und dabei durch die Wittenberger unterstützt wurde. Müntzer griff den Grafen von Mansfeld nun öffentlich auf der Kanzel an und forderte mit prophetischem Sendungsbewußtsein den sächsischen Kurfürsten auf, ihn zu schützen: »Nachdem mich der allmächtige Gott zum ernsten Prediger gemacht hat, so pflege ich auch die lautbaren, beweglichen Posaunen zu blasen, daß sie erhallen mit dem Eifer der Kunst (Erkenntnis) Gottes, keinen Menschen auf dieser Erde zu verschonen, der dem Wort Gottes widerstrebt« (aaO. 395,8–12). Zugleich beginnt er zum erstenmal den Fürsten zu drohen. Denn wenn die Fürsten nicht für das Evangelium eintreten, »so wird das Schwert von ihnen genommen und wird dem inbrünstigen (wütenden) Volk gegeben werden zum Untergang der Gottlosen« (aaO. 396,28–397,1). Friedrich der Weise reagierte zurückhaltend und sprach nur eine milde Ermahnung aus. Inzwischen fanden Müntzers Predigten immer mehr Zustrom, vor allem auch von Mansfeldischen Bergknappen. So zählte man einmal sonntags 2000 Fremde in Allstedt. Müntzer sah sich inzwischen seinem Ziel, einer Gemeinde der Auserwählten, nah und gründete zunächst einen geheimgehaltenen Bund mit 30 Mitgliedern, die gelobten, das Evangelium zu verbreiten, Mönchen und Nonnen keinen Zins mehr zu geben, ja sie zu vertreiben. Die Zerstörung einer Kapelle in Mallerbach mit einem wundertätigen Marienbild am 24.3.1524 vor den Toren der Stadt war das erste Flammenzeichen kommenden Aufruhrs. Als das Kloster, dem diese Kapelle gehörte, dagegen protestierte, leitete Herzog Johann, der Regent des Landes, in dem Allstedt lag, eine Untersuchung an, die erregte Antworten Müntzers und des Stadtrates zur Folge hatte. In Allstedt nahm Müntzer inzwischen immer deutlicher gegen das sächsische Fürstenhaus Stellung und wandelte seinen Bund in eine Organisation mit mehr als 500 Mitgliedern um.

Die Kunde von den Vorgängen in Allstedt war inzwischen auch nach Wittenberg gedrungen, und Luther reagierte im Juli 1524 mit einem offenen »Brief an die Fürsten zu Sachsen von dem aufrührerischen Geist« (WA 15,210–221). Luther unterscheidet bei Müntzer zwei Seiten, seine Gewalttaten und seine Lehre. Nur die ersteren gehen den Landesherrn an, er habe den Aufruhr, der vom Wort zur Faust schreite, zu bekämpfen. Luther verlangt von den sächsischen Fürsten strenge Verbote. Was die Lehre Müntzers angehe, so solle man ihr allein durch das Wort Gottes begegnen: »Man lasse sie nur getrost und frisch predigen was sie können und wider wen sie wollen … Es müssen Sekten sein und das Wort Gottes muß zu Felde liegen und kämpfen …« (WA 15,218,19 ff.). Als Luthers Brief veröffentlicht wurde, hatte bereits Herzog Johann Müntzer aufgefordert, am 13.7.1524 vor ihm, dem Kronprinzen Johann Friedrich, Kanzler Brück und anderen Amtspersonen im Allstedter Schloß zu predigen, um sich selbst ein Bild über Müntzer zu machen. Dieser benutzte die Gelegenheit, durch eine Predigt über Daniel 2 seine apokalyptischen Hoffnungen vor den Fürsten darzulegen und diese aufzufordern, mit dem Schwert die Gemeinde der Auserwählten aufzurichten, andernfalls werde Gott das Schwert von ihnen nehmen und den Armen, Laien und Bauern geben. Im übrigen erklärte sich Müntzer bereit, sich vor der ganzen Welt zu verantworten, nicht aber vor den Wittenbergern. Herzog Johann begriff indessen, wohin die Agitation Müntzers trieb und forderte ihn zu einem Verhör zusammen mit drei Ratsangehörigen am 1.8.1524 nach Weimar auf. Nach diesem Verhör mußte Müntzer erkennen, daß er den sächsischen Kurfürsten nicht für seine Sache gewonnen hatte, und als sich der Allstedter Rat noch von ihm distanzierte, floh Müntzer in der Nacht vom 7. zum 8. 8. 1524 nach Mühlhausen, wo Heinrich Pfeiffer wirkte, der ähnliche religiöse und sozialpolitische Gedanken vertrat wie Müntzer. Als Pfeiffer und Müntzer am 19. 9. 1524 in Mühlhausen die städtischen Verhältnisse neu nach Gottes Wort ordnen wollten, brach offener Aufruhr aus, den der Rat der Stadt mit Hilfe von Bauern aus den umliegenden Dörfern dämpfen konnte. Pfeiffer und Müntzer mußten am 29. 9. 1524 die Stadt verlassen. Müntzer begab sich nach Nürnberg, wo er zwei Schriften drucken ließ, mit denen er sein Verhalten in Allstedt rechtfertigen wollte. Es handelt sich dabei einmal um »Die ausgedrückte Entblößung des falschen Glaubens ...« (aaO. 265–321) und die »Hochverursachte Schutzrede und Antwort wider das geistlose, sanftlebende Fleisch zu Wittenberg ...« (aaO. 321–344). In der ersten der beiden Schriften fordert Müntzer in Gestalt einer Auslegung des 1. Kapitels des Lukasevangeliums, daß ein neuer Johannes der Täufer kommen müsse, »ein gnadenreicher Prediger, welcher den Glauben allenthalben durch seinen Unglauben erfahren hab; denn er muß wissen, wie einem Erzungläubigen zu Sinnen ist« (aaO. 296,32–37). Die zweite Schrift richtete sich vor allem gegen Luthers Brief »An die Fürsten zu Sachsen ...« und erklärte, Christus habe nicht, wie die Wittenberger lehrten, das Gesetz aufgehoben, sondern vielmehr es richtig eingeschärft. Wer statt dessen nur das Evangelium predige, verfehle den Willen Gottes. Denn »die Gütigkeit Gottes ... wird nicht verrückt durch die Pein des Gesetzes, welcher der Auserwählte nicht begehrt zu entfliehen«, denn er weiß, daß das, was als Gottes Zorn erscheint, »aus der verkehrten Furcht der Menschen gegen Gott« entspringt, »die sich der Pein wegen entsetzen und nicht ansehen, wie Gott sie durch Bedrückung in seine Ewigkeit nach aller Pein führe« (aaO. 330,7–13). Kurz nach ihrer Veröffentlichung wurden beide Schriften Müntzers konfisziert und Müntzer selbst aus Nürnberg ausgewiesen. Er zog nun nach Süden und bekam dort Verbindung mit den aufständischen Bauern in Oberdeutschland, mit Oekolampad in Basel und mit Hubmaier in Waldshut. Auf Bitte seiner Anhänger kehrte er im Februar 1525 nach Mühlhausen zurück und wurde dort Prediger an der Marienkirche. Beeindruckt durch die Bauernunruhen in Oberdeutschland nahm Müntzer nun immer mehr die Züge eines sozialen Reformers an. So zielte er nicht mehr nur auf aktiven Widerstand gegen eine gottlose Obrigkeit, sondern auf eine Neugestaltung der christlichen Lebensordnung nach Maßgabe göttlichen Gesetzes. In Mühlhausen kam es im März 1525 zur Wahl eines neuen »Ewigen Rates«, der ein neues, allein auf Gottes Wort beruhendes christliches Regiment führen sollte. Inzwischen hatten sich auch die Bauern in Thüringen nach dem Beispiel der oberdeutschen Bauern erhoben, weniger jedoch aufgrund der Agitation Müntzers. Dieser aber rief seine Anhänger als Knecht Gottes wider die Gottlosen mit dem Schwerte Gideons zum Anschluß an den Bauernkrieg auf. Am 15.5.1525 führte Müntzer die Thüringer Bauern in die Schlacht bei dem nahe Mühlhausen gelegenen Ort Frankenhausen, die jedoch der Übermacht des Landgrafen Philipp von Hessen, des Herzogs von Braunschweig und Herzog Georgs von Sachsen nicht gewachsen waren, denen das Reichsregiment aufgetragen hatte, gegen die plündernden Scharen der thüringischen Bauern vorzugehen. Die Bauern wurden geschlagen, Müntzer selbst am 27.5.1525 zusammen mit 53 anderen hingerichtet.

In dieser Aktion war Müntzer eigentlich kein sozialer Revolutionär, sondern zielte in seiner chiliastischen Predigt vom Reich Gottes auf die Aufrichtung des Reiches der Ausgewählten mit der Gewalt des Schwertes. Er vertrat ein mystisch-geistesmächtiges Christentum und drängte innen wie außen auf tätige Veränderungen und Aufrichtung des Reiches der Auserwählten auf Erden. Er verkannte den eschatologischen Charakter des Reiches Gottes, dessen kommende Vollendung jetzt schon allein im Glauben, aber nicht mit Gewalt antizipiert werden kann. So sehr Müntzer am Bauernkrieg beteiligt war, so sehr hat er sich doch nur in die letzte Phase des Aufstandes der thüringischen Bauern eingebracht und nicht den Bauernkrieg insgesamt agitatorisch motiviert und begleitet.

Der Bauernkrieg

Der große deutsche Bauernkrieg der Jahre 1524–1526 ging nicht nur aus einer wirtschaftlichen Notlage des Bauerntums hervor, im Gegenteil, an ihm nahmen auch wohlhabende Bauern teil, die ihr altes Recht und eine angemessene Integration in die Gesellschaft des

16. Jhs. forderten, wie sie ihnen nach Gottes Gerechtigkeit zustehe. Der große deutsche Bauernkrieg, der im Mai/Juni 1524 mit der Erhebung der Stühlinger Bauern im Südschwarzwald begann, hatte schon Vorläufer im 14. und 15. Jh.

Hier ist zu erinnern an die Bewegung des »armen Konrad« 1514 in Württemberg und die Bewegung des »Bundschuh« in Südwestdeutschland. Letztere nahm 1483 im Gebiet von Schlettstadt ihren Anfang und wurde 1502 im Bistum Speyer, 1513 im Breisgau und 1517 am Oberrhein aktiv. Sie wurde geführt von Joß Fritz, der ein leibeigener Bauer des Bischofs von Speyer war. Die Bundschuh- Bewegung forderte die Abschaffung der Leibeigenschaft mit Zinsen und Zehnten und die Freigabe der Allmenderechte wie Jagd und Fischfang. Ferner wandte sie sich gegen Pfaffen- und Klösterherrschaft. Papst und Kaiser wollte man als einzige Herren anerkennen. Die Parole der Bundschuh-Bewegung »nichts denn die Gerechtigkeit« stammte aus der *Reformatio Sigismundi* des Jahres 1439. Sie stand auf der Fahne der Bewegung über dem Bilde des gekreuzigten Heilands, an dessen Seite der den Bauern im Unterschied zum Ritter kennzeichnende Bundschuh zu sehen war. Ähnliche Bewegungen fanden sich auch in den österreichischen Alpen, im Allgäu, in Oberschwaben und in der Schweiz.

Das Neue der Bauernkriegsbewegung 1524 waren nicht die von den Bauern erhobenen Forderungen, sondern deren Begründung. Forderten sie jetzt das alte Recht als göttliches Recht, so verstanden sie darunter das biblische Recht des Evangeliums. Damit griffen sie die emanzipatorischen Anstöße auf, die die Wittenberger Reformation in den 20er Jahren mit sich führte. Inhaltlich wandte sich die Bauernkriegsbewegung gegen persönliche wie kollektive Belastungen. Die persönlichen Belastungen des einzelnen bezogen sich vor allem auf die Leibeigenschaft, sofern sie noch bestand, Höhe und Ungleichheit von Diensten und Abgaben sowie Steuerdruck. Die kollektive Belastung meinte die Beschränkung dörflicher Autonomie, die Einschränkung der Allmenderechte in Nutzung von Land, Wald, Jagd und Fischerei. Die Stühlinger Bauern im Südschwarzwald verteidigten gegen die Landesherrschaft des Grafen Sigismund ihr altes geschriebenes Recht. Ihr Anführer war Hans Müller, ein kriegserfahrener und wortgeübter Führer. Am 14.2.1524 wurde die »Christliche Vereinigung der Bauern« in der Fürstabtei Kempen ausgerufen, durch die das Allgäu zum Aufstandsgebiet der Bauern hinzukam. Gleichzeitig griff die Bewegung auf Schwaben, das Elsaß, Franken, Thüringen, Sachsen, Tirol und Kärnten über. In Oberschwaben formulierte der Memminger Kürschner Sebastian Lotzer zusammen mit dem Prädikanten der Stadt Christoph Schappeler 12 Artikel als Programm der schwäbischen Bauern, in denen die Forderungen der Bauern mit reformatorischen Grundgedanken verbunden und legitimiert wurden. »Die 12 Artikel der Bauernschaft in Schwaben« forderten in Art. 1 die freie Pfarrwahl und reformatorische Predigt. In Art. 2 sprechen sie sich für die Verwendung des großen Zehnten zur Bezahlung der Pfarrer und für die Abschaffung des kleinen Zehnten aus. Art. 3 fordert die Abschaffung der Leibeigenschaft, da uns Christus alle mit seinem kostbaren Blut erlöst und erkauft hat. Art. 4 und 5 wenden sich gegen die Einschränkung von Jagd- und Fischerei-Privilegien sowie der Nutzung von Wald und der Gemeinde gehörenden Allmendwiesen. Art. 6–11 wenden sich gegen die persönlichen Belastungen der Bauern durch übermäßige Dienstleistungen, durch Zinsen und gegen den sog. »Todfall«, d. h. gegen Abgaben der Hinterbliebenen beim Tode eines Hörigen oder Leibeigenen. Art. 12 stellt die Hl. Schrift als Norm für die Legitimität der Forderungen der Bauern auf. Im einzelnen lauten die 12 Artikel folgendermaßen:

Dem christlichen Leser Friede und Gnade Gottes durch Christus. Es gibt viele Widerchristen, die jetzt wegen der versammelten Bauernschaft Anlaß nehmen, das Evangelium zu schmähen, indem sie sagen: Das sind die Früchte des neuen Evangeliums: niemand gehorsam sein, an allen Orten sich empören und aufbäumen, mit großer Gewalt zusammenlaufen und sich rotten, geistliche und weltliche Obrigkeit reformieren, ausrotten, ja vielleicht gar erschlagen! Allen, die so gottlos und frevlerisch urteilen, antworten die nachfolgenden Artikel – zuerst um diese Lästerung des Wortes Gottes abzustellen, zweitens, um den Ungehorsam, ja, die Empörung aller Bauern christlich zu klären. … Der 1. Artikel. Erstens ist unsere demütige Bitte und Begehren, auch unser aller Wille und Meinung, daß wir von nun an Gewalt und Macht haben wollen, daß eine ganze Gemeinde ihren Pfarrer selbst erwählt und prüft. Sie soll auch Gewalt haben, denselben wieder zu entlassen, wenn er sich ungebührlich verhält. Derselbe erwählte Pfarrer soll uns das hl. Evangelium lauter und klar predigen ohne jeden menschlichen Zusatz, Lehre und Gebot …

Der 2. Artikel. Zweitens, obwohl der rechte Zins im Alten Testament eingesetzt und im Neuen erfüllt ist, wollen wir den berechtigten Kornzehnten (der für Getreide und andere Agrarprodukte auferlegte ›Feldzehnt‹) nichtsdestoweniger gerne geben, doch wie es sich gebührt: d. h. man soll ihn Gott geben und den Seinen zuteilen. Gebührt er einem Pfarrer, der klar das Wort Gottes verkündigt, so sind wir willens, diesen Zehnten hinfort durch unseren eigenen Kirchenvorsteher, von der Gemeinde eingesetzt, einsammeln zu lassen. Davon soll dem Pfarrer, der von der ganzen Gemeinde gewählt wird, der gebührende und genügende Unterhalt, ihm und den Seinen, nach dem, was die ganze Gemeinde zuerkennt, gegeben werden. Was übrigbleibt, soll man den Bedürftigen, die in demselben Dorf vorhanden sind, zuteilen, je nach Sachlage und Festsetzung der Gemeinde ... Den kleinen Zehnten (der für Tiere und tierische Produkte auferlegte ›Blutzehnt‹) wollen wir gar nicht geben, denn Gott der Herr hat das Vieh frei für den Menschen geschaffen, so daß wir es für einen unzulässigen Zehnten halten, den die Menschen erfunden haben ...

Der 3. Artikel. Drittens ist es bisher Brauch gewesen, daß sie uns für ihre Leibeigenen gehalten haben, was zum Erbarmen ist, wenn man bedenkt, daß uns Christus alle mit seinem kostbaren Blut erlöst und erkauft hat, den Hirten ebenso wie den Höchsten, keinen ausgenommen ...

Der 4. Artikel. Viertens ist bisher im Brauch gewesen, daß kein armer Mann die Erlaubnis erhielt, Wildbret, Geflügel oder Fische in fließenden Gewässern zu fangen, was uns ganz unangemessen und unbrüderlich dünkt, besonders eigennützig und dem Wort Gottes nicht gemäß ...

Der 5. Artikel. Fünftens sind wir auch belastet und geschädigt, was die Holznutzung (des Waldes) anbetrifft, denn unsere Herrschaften haben sich die Wälder alle allein angeeignet ...

Der 6. Artikel. Sechstens wird uns eine schwere Last aufgebürdet durch die Dienstleistungen, die von Tag zu Tag mehr und täglich umfangreicher werden ...

Der 7. Artikel. Siebtens, daß wir uns hinfort von einer Herrschaft nicht mehr (unrechtmäßig) belasten und schädigen lassen wollen, sondern wenn eine Herrschaft jemandem rechtmäßig (ein Gut) verleiht, so soll er es nach Übereinkunft zwischen Herr und Bauer besitzen ...

Der 8. Artikel. Achtens werden viele, die Güter innehaben, dadurch belastet und beschädigt, daß dieselben Güter die Zinsen nicht erbringen können und die Bauern das Ihre einbüßen und verlieren. Wir begehren, daß die Herrschaften diese Güter von ehrbaren Leuten besichtigen lassen und

nach Billigkeit einen Zins vom Ertrag erheben, damit der Bauer seine Ar-
beit nicht umsonst tue, denn ein jeder Arbeiter ist seines Lohnes würdig…
Der 9. Artikel. Neuntens sind wir belastet und geschädigt durch die gro-
ßen Frevel, daß man stets neue Gesetze macht, nicht daß man uns dem
Vorfall gemäß bestraft, sondern mal aus großem Neid und mal aus großer
Gunst. Es ist unsere Meinung, daß man nach altem geschriebenen Straf-
maß strafen soll, wonach die Sache verhandelt wird, und nicht nach
Gunst…
Der 10. Artikel. Zehntens werden wir dadurch geschädigt, daß einige sich
Wiesen angeeignet haben, desgleichen Äcker, die doch der Gemeinde ge-
hören. Dieselben werden wir wieder in unseren gemeinsamen Besitz neh-
men, es sei denn, man hat sie rechtlich gekauft…
Der 11. Artikel. Elftens wollen wir den Brauch, genannt den »Todfall«
(Abgabe beim Tode eines Hörigen oder Leibeigenen), ganz und gar ab-
schaffen und ihn nimmer dulden und gestatten, daß man Witwen und
Waisen das Ihre… nimmt.
Beschluß. Zwölftens ist unser Beschluß und endgültige Meinung, wenn
einer oder mehrere Artikel, die hier aufgestellt sind, dem Worte Gottes
nicht gemäß sein sollten – wie wir aber nicht glauben –, so möge man uns
diese mit dem Wort Gottes als unzulässig erweisen, dann wollen wir da-
von absehen, wenn man es uns aufgrund der Schrift nachweist…

Mit diesen Artikeln ging dann in gewisser Hinsicht die Bauernbewegung in die reformatorische Bewegung ein. Über Schwaben hinaus
verbreitete sich der Bauernkrieg im März 1525 nach Franken, im
April in die oberrheinischen Gebiete und Thüringen. Überall kamen
große Bauernhaufen zusammen. In Oberschwaben wurden in der
Reichsstadt Memmingen die Verhandlungen mit der Vormacht im
Lande, dem Schwäbischen Bund, geführt. Nach einigen Schlachten
und kleineren Auseinandersetzungen wurde hier am 17.4 der Wein-
gartner Vertrag zwischen dem Führer des Schwäbischen Bundes,
dem Truchseß Georg von Waldburg, und den oberschwäbischen
Bauern geschlossen, die jener am 14.4. bei Wurzach geschlagen
hatte. Der Vertrag stellte den Bauern ein Schiedsgericht in Aussicht
und bewirkte, daß die Haufen der oberschwäbischen Bauern sich
auflösten. Truchseß Georg von Waldburg schlug am 12.5. ferner die
württembergischen Bauern bei Böblingen und die fränkischen am
2.6. und 4.6. bei Königshofen und Ingolstadt. Nachdem der Land-

graf Philipp von Hessen die aufständischen Bauern in seinem Territorium unterworfen hatte, schlug er zusammen mit Herzog Georg von Sachsen und dem Herzog von Braunschweig am 15. 5. 1525 bei Frankenhausen die Thüringer Bauern, die hier Thomas Müntzer als Feldprediger angeführt hatte. Die elsässischen Bauern schlug schließlich Herzog Anton von Lothringen am 17. 5. bei Zabern. Die pfälzischen Bauern wurden am 24. 6. bei Pfeddersheim geschlagen.

Als es schließlich dem Schwäbischen Bund gelang, am 30. 7. 1525 die Stadt Salzburg einzunehmen, war der Bauernaufstand im wesentlichen niedergeschlagen. Ca. 70000 – 75000 Bauern fanden während des Bauernkrieges oder in nachfolgenden Strafgerichten den Tod. Obwohl die Ideen und Leitgedanken der Bauernkriegsbewegung vor allem von städtischen Intellektuellen formuliert wurden und die Bauernkriegserhebung vornehmlich in der Nähe von Städten stattfand, handelte es sich bei ihm um einen Bauernkrieg und nicht um eine bürgerliche oder frühbürgerliche Revolution. Der Bauernkrieg führte aber nicht nur zu negativen Ergebnissen. So sind in einer Reihe von süddeutschen Territorien z. B. die 12 Artikel weitgehend verwirklicht worden. In Tirol und im Erzstift Salzburg sowie in Graubünden erlangten die Bauern den Status von Landständen. In etwa einem Drittel des Aufstandsgebietes gab es Reformen. Insgesamt aber hat der Bauernkrieg die Bauern als politische Macht für die nächsten Jahrhunderte diskreditiert.

Was Luthers Verhältnis zum Bauernkrieg angeht, so ist festzustellen, daß die Verfasser der 12 Artikel der Bauernschaft in Schwaben ihn u. a. zum Schiedsrichter über die Legitimität jener Artikel angerufen hatten. Luther dürfte etwa Mitte April 1525 die 12 Artikel kennengelernt haben. Er reagierte auf diese Artikel mit seiner Schrift »Ermahnung zum Frieden auf die 12 Artikel der Bauernschaft in Schwaben« (WA 18,291–234). Er anerkennt die wirtschaftliche und rechtliche Not der Bauern und redet im ersten Teil der Ermahnung den Fürsten und Herren ins Gewissen und rät ihnen, einen gütlichen Ausgleich mit den Bauern zu suchen. Die Bauern aber warnt er vor falscher Berufung auf das göttliche Recht (WA 18,301,14. 31 ff.) und vor Rotterei und Aufruhr. Ihre Forderungen läßt er als weltliche Rechtsforderungen gelten und mahnt sie, innerhalb der weltlichen Rechtsgemeinschaft zu verhandeln. Das freie Pfarrwahlrecht der Gemeinde will er nur einräumen, wenn die übergeordnete Instanz der Gemeinde dieser keinen Pfarrer zur Verfügung stellt. Im Blick auf die Aufhebung der Zehntpflicht sieht Luther zu wenig die herkömmliche Rechtslage beachtet. Die im 3. Artikel geforderte Aufhebung der Leibeigenschaft wird von Luther nicht gebilligt. Dabei geht es ihm nicht primär darum, geschichtlich bedingte Rechtsverhältnisse festzuschreiben, sondern er wendet sich gegen den Versuch, solche Rechtsverhältnisse im Namen des Evangeliums aufzulösen. Im dritten Teil der Schrift (WA 18,329 ff.) mahnt er beide Seiten, den Verhandlungsweg einzuschlagen. Die Abfassung der Ermahnung zum Frieden fiel zusammen mit einem Aufbruch zu einer Reise nach Eisleben (16.4.1525), wo Luther zusammen mit Melanchthon eine neue Lateinschule einweihen wollte. Luther dehnte seine Reise auch auf den thüringischen Raum aus und kam hier mit dem gerade tobenden thüringischen Bauernaufstand in Berührung. Diese Erfahrungen veranlaßten Luther, die Ermahnung zum Frieden durch eine weitere knappe Schrift »Wider die räuberischen und mörderischen Rotten der Bauern« (WA 18,357–361) zu ergänzen. Im ersten Wittenberger Druck erschien diese Schrift zusammen mit der Ermahnung zum Frieden, und zwar auf dem Titelblatt angezeigt als »Auch widder die räuberischen und mörderischen Rotten der andern bawren«. Im Zwischentitel trug diese Schrift die Überschrift »Widder die stürmenden bawren«. Die Verbindung dieser Schrift mit der Ermahnung zum Frieden zeigt, daß Luther keineswegs einseitig gegen die Bauern argumentierte, sondern deutlich zwischen den verhandlungswilligen Bauern und den aufrührerischen Bauern unterschied. Geschrieben in den ersten Maitagen 1525, wurde die Schrift »Wider die räuberischen und mörderischen Rotten« im Laufe des Monats Mai separat veröffentlicht, hatte aber auf die Niederschlagung der thüringischen Bauern bei Frankenhausen keinen Einfluß mehr. Dennoch gehört sie zu Luthers radikalen Bauernschriften, die weder von den Altgläubigen noch zum Teil auch von den Wittenberger Theologen für gut geheißen wurde. Luther wirft den aufständischen Bauern vor, daß sie ihre Eidespflicht gegenüber ihren Obrigkeiten verletzen, daß sie aufrührerisch offenen Landesfriedensbruch mit Raub und Mord begehen und daß sie sich der Gotteslästerung schuldig machten, da sie das Evangelium dazu mißbrauchten, ihre eigenen Forderungen zu legitimieren. Luther fordert dann die Obrigkeit als Inhaber der Rechtsge-

walt auf, gegen den Aufruhr der Bauern mit allen Mitteln vorzugehen (WA 18,359,14 ff.). Die Zuspitzung dieser Aussagen, etwa in
dem Satz:»Steche, schlage, würge hier, wer da kann; bleibst du drü-
ber tot, wohl dir, seligeren Tod kannst du nimmermehr überkom-
men« (WA 18,361,25 ff.), zeigt die Erregung Luthers durch seine Begegnung mit dem thüringischen Bauernaufstand und ließ ihn angesichts der verunsicherten Haltung der Obrigkeit in der Grafschaft
Mansfeld und in Kurhessen zu einer äußersten Forderung greifen,
die Institutionen der Obrigkeit als Ort der Konfliktregelung bei ver-
letzten Rechtsverhältnissen zu verteidigen. Rein rechtsgeschichtlich
spricht sich Luther hier für das im Territorialstaat des 16. Jhs. neu rezipierte römische Recht gegen das germanische Fehderecht aus. Wie
sehr Luther selbst an einer vertragsrechtlichen Lösung der sozialen
und wirtschaftlichen Konflikte der Bauern lag, zeigt sich darin, daß
Luther nach seiner Rückkehr aus dem thüringischen Aufstandsgebiet den am 17. 4. in Weingarten abgeschlossenen Vertrag zwischen
dem Schwäbischen Bund und den oberschwäbischen Bauern veröffentlichte und mit einem Vorwort und einem Nachwort versah, die
diesen Vertrag zur Nachahmung empfahlen. Die Kritik, die seine
harte Bauernschrift vor allen Dingen im Kreise der Wittenberger Reformatoren erfuhr, veranlaßte Luther dann im Juli 1525 zur Veröffentlichung seiner Schrift:»Sendbrief vom harten Büchlein wider
die Bauern« (WA 18,384–401). Auch jetzt hält er daran fest, daß die
Bauern offenen Aufruhr begangen haben (WA 18,397, 17 ff.), gegen
den die Legitimität der Obrigkeit verteidigt werden mußte. Gleichzeitig mahnt er die Obrigkeit nach der Niederschlagung des Aufruhrs, nicht nur mit den Unschuldigen, sondern auch den Schuldigen gnädig umzugehen (WA 18,400,22 f.). Im übrigen erinnert er an
seine in der Schrift»Von weltlicher Obrigkeit, wie weit man ihr Gehorsam schuldig sei« (1523) entwickelte Unterscheidung von weltli-
chem und geistlichem Reich, die sich gegen eine Vermischung beider
Reiche, in diesem Falle konkret gegen die Vermischung von christlicher Freiheit und wirtschaftlich-sozialen Forderungen der Bauern
wendet. Er erinnert daran, daß die Behandlung der von den Bauern
geforderten Rechtsfragen Sache der weltlichen Obrigkeit und nicht
Sache des geistlichen Reiches Christi sei. In beiden Reichen regiert
Gott in zwei verschiedenen Regimenten durch das weltliche und
das geistliche Regiment. Die Mittel des weltlichen Regimentes sind

Schwert und weltliches Recht, die Mittel des geistlichen dagegen das Wort der Verkündigung. Das weltliche Reich bezieht sich auf Leib, Gut und äußeren Frieden, das geistliche auf die Seele und das Gewissen des Menschen sowie das Kommen der eschatologischen Gottesherrschaft.

Luthers Eintreten für die Institutionen als Ordnungsfunktionen menschlicher Gesellschaft zeigte sich auch in seiner Vermählung mit Katharina von Bora (1499–1552) am 13.6.1525. Damit wollte Luther u.a. die Institution des Ehestandes bekräftigen und einer durch Teufel und Aufruhr verunsicherten Welt sein Vertrauen auf Gottes Schöpferhandeln dokumentieren. Das Ereignis des Bauernkrieges im Jahre 1525 bedeutete einen Einschnitt in der Reformationsbewegung. Doch wird man nicht behaupten können, daß die reformatorische Bewegung ihre Popularität verloren hat, wenn diese auch eingeschränkt wurde. »Die Periode der ›reformatorischen Bewegung‹ ging zu Ende, diejenige des ›Protestantismus‹ hatte begonnen« (B. Moeller).

Erasmus und Luther

Wie wir oben gesehen haben (s.o. Seite 22–25), hat die humanistische Reformtheologie, wie sie nördlich der Alpen von Erasmus von Rotterdam vertreten wurde, für die aufkommende Reformation eine entscheidende Rolle. Nicht nur der Rückgriff auf die Bibel in den Ursprachen, die Kirchenväter der Antike und das Insistieren auf dem ursprünglichen Sinn der Hl. Schrift, sondern auch die Kritik an Mißbräuchen und Aberglauben in der Kirche wurde von der Reformation übernommen. Hinzu kam, daß die humanistische Reformtheologie in den Städten, wie wir gesehen haben, günstige Rezeptionsbedingungen für die reformatorische Theologie bot. Die Humanisten gewährten den reformatorischen Theologen eine angemessene Öffentlichkeit für die biblische Verkündigung, so daß man die These vertreten kann, ohne Humanismus keine Reformation. Wie eng beide Bewegungen ineinander verflochten waren, zeigte sich darin, daß in den Anfangsjahren der Reformation z.B. Martin Bucer zwischen Erasmus und Luther keinen Unterschied sah. In der Tat bildete z.B. der Erfurter Bibelhumanismus für den jungen Exegeten

Luther eine wesentliche Voraussetzung. So lag es nahe, daß in seinen Anfangsjahren Martin Luther Erasmus durchaus hoch einschätzte. So benutzte er u. a. die zweite Auflage der Erasmischen Ausgabe des griechischen Neuen Testamentes, das *Novum Instrumentum* von 1519 auf der Wartburg für seine Bibelübersetzung Ende 1521/Anfang 1522. Doch bereits im März 1517 ließ ihn die neuentdeckte paulinische Theologie auf Unterschiede zu Erasmus aufmerksam werden. So äußert er sich über Erasmus mit den Worten: »An Erasmus verliere ich täglich mehr Freude ..., das Menschliche hat bei ihm größeres Gewicht als das Göttliche ... Man urteilt anders, wenn man so manches dem Vermögen des Menschen zutraut, als wenn man außer der Gnade von nichts weiß« (WAB 1,90,15 f.19 f.25 f.). So sehr umgekehrt Erasmus wiederum die Wittenberger Reformatoren und namentlich Martin Luther schätzte, so sah er zwischen sich und Luther ab 1521 doch einen immer größeren Graben aufbrechen, und zwar vor allem wegen Luthers Schrift *De captivitate Babylonica ecclesiae praeludium* von 1520 sowie der Verbrennung der Bannandrohungsbulle und des kanonischen Rechtes am Elstertor vor Wittenberg. So äußerte Erasmus gegenüber Luther: »Aber da haben die Verbrennung der Decretalen, *De captivitate Babylonica* und die allzu kühnen *assertiones* das Übel, wie es scheint, unheilbar gemacht« (Brief an Ludwig Ber in Basel, 14.5.1521). Inzwischen wurde Erasmus immer mehr namentlich von den Altgläubigen bedrängt, in dem aufbrechenden Kirchenstreit Position zu beziehen. Luther seinerseits bemühte sich, das Verhältnis zu Erasmus trotz kritischer Anmerkungen offenzuhalten. So schrieb er am 20.6.1523 an Oekolampad: »Was Erasmus von der Beurteilung geistlicher Fragen versteht oder zu verstehen vorgibt, zeigen seine Schriften von den ersten bis zu den neuesten reichlich. Ich fühle seine mancherlei Spitzen wohl. Aber weil er nach außen hin so tut, als sei er nicht mein Feind, tue ich auch so, als verstünde ich seine Hinterlistigkeiten nicht, obwohl ich sie besser verstehe, als er glaubt. Er hat geleistet, wozu er berufen ist: Er hat in die Sprachen eingeführt und von den gottlosen Studien (der Scholastik) weggelenkt. Vielleicht wird er wie Mose in den Gefilden Moabs (5.Mose 34,5) sterben, denn zu den höheren Studien (bei denen es um die Gottesfurcht geht) wird er nicht vordringen... Er hat genug getan, wenn er das Böse aufgedeckt hat; das Gute zu zeigen und ins Land der Verheißung zu führen, vermag er (soweit ich sehe) nicht« (WAB 3,96,14 ff. 24 f. 97,27 ff.). Solche und ähnliche Äußerungen mußten jedoch Erasmus irritieren und in ihm den Wunsch wach werden lassen, endlich deutlicher und klarer gegen Luther vorzugehen. So gab er namentlich dem Druck der Altgläubigen nach, gegen Luther eine Schrift über den freien Willen zu schreiben. Hatte doch Luther 1518 in der 13. These seiner Heidelberger Disputation gesagt: »Der freie Wille ist nach dem Sündenfall ein bloßer Name *(res de solo titulo)*, und indem er tut, was in ihm ist, sündigt er tödlich« (WA 1,354,5 f.). Diese These wurde 1520 durch die Bannandrohungsbulle zu den häretischen Sätzen gerechnet, die Luther widerrufen sollte. Luther sah sich jedoch dazu nicht in der Lage, wenn er seiner neuen Rechtfertigungserkenntnis nicht widersprechen wollte und verteidigte die 13. Heidelberger These und die in ihr behauptete Unfreiheit des Willens vor Gott in seiner *Assertio omnium articulorum Martini Lutheri...* (WA 7,142,22–149,7). Nachdem inzwischen auch John Fisher, ein humanistisch gebildeter und mit Erasmus befreundeter Kanzler der Universität Cambridge und Bischof von Worcester 1523 in seiner *Assertionis Lutheranae confutatio* die Frage des freien Willens in den Mittelpunkt seiner Argumentation gerückt hatte, ging auch Erasmus daran, an diesem Punkt die Auseinandersetzung mit Luther zu führen, und veröffentlichte Anfang September 1524 seine Schrift *De libero arbitrio diatribe sive collatio*. Die Schrift zielte auf eine wissenschaftliche Erörterung und Zusammenstellung biblischer Argumente für oder wider die Entscheidungsfreiheit des Willens. Erasmus wollte mit dieser Schrift im Gegensatz zu Luthers assertorischen Thesen über die Unfreiheit des Willens in Fragen des Heils eine gelehrte Diskussion eröffnen, um ein schwieriges Problem der theologischen Anthropologie mit wissenschaftlicher Gründlichkeit zu behandeln. Die *Diatribe* besteht aus drei großen Teilen mit zwei längeren Einleitungen im ersten Teil, die grundsätzliche Fragen zum Problem der Willensfreiheit erörtern. In der ersten stellt sich Erasmus die Frage, ob das Verhältnis von Prädestination und freiem Willen überhaupt behandelt werden dürfe. Seines Erachtens gehört es zu den Themen, die die Möglichkeiten der theologischen Vernunft überschreiten, sowie zu den unzugänglichen Stellen der Bibel, in die wir nach dem Willen Gottes nicht tiefer eindringen sollen.

Es gibt nämlich in der Hl. Schrift gewisse unzugängliche Stellen, in die Gott uns nicht tiefer eindringen lassen wollte und wenn wir einzudringen versuchen, tappen wir desto mehr in der Finsternis, je tiefer wir eingedrungen sind, damit wir auf diese Weise einerseits die unerforschliche Majestät der göttlichen Weisheit, andererseits die Schwäche des menschlichen Geistes erkennen. Es ist so, wie Pomponius Mela von einer Höhle bei Korykos berichtet, welche zuerst durch eine gewisse angenehme Lieblichkeit anlockt und einlädt, bis diejenigen, die tiefer und tiefer eingedrungen sind, endlich ein gewisser Schrecken und die Majestät der dort wohnenden Gottheit vertreibt. Sobald man daher bis zu diesem Punkt gekommen ist, dürfte es meiner Meinung nach besonnener und frömmer sein, mit Paulus auszurufen: »*O Tiefe des Reichtums und der Weisheit und der Erkenntnis Gottes, wie unerforschlich sind seine Ratschlüsse, wie unergründlich seine Wege!*« *(Röm 11,33) und mit Jesaja:* »*Wer hat den Geist des Herrn bestimmt, wer als Berater ihn unterwiesen?*« *(Jes 40,13), als erklären zu wollen, was das Maß menschlicher Fassungskraft übersteigt. Vieles ist für die Zeit aufbewahrt, wenn wir nicht mehr durch Spiegel und in Rätseln sehen werden, sondern enthüllten Angesichts die Herrlichkeit des Herrn betrachten werden (1.Kor 13,12).*

Die zweite Einleitung des Erasmus fragt nach dem Kriterium theologischer Wahrheit und damit nach dem Schriftprinzip der Reformation. Erasmus ist der Meinung, daß die Bibel in den Fragen des Verhältnisses von freiem Willen und göttlicher Prädestination letztlich dunkel ist und der Auslegung durch das kirchliche Lehramt bedarf. Die Einleitung schließt Erasmus ab mit einer ontologischen Definition des freien Willens, die er durch Behandlung von Schriftstellen auf ihre Leistungsfähigkeit überprüfen will: »Weiters fassen wir an dieser Stelle den freien Willen als eine Kraft des menschlichen Wollens auf, durch die sich der Mensch dem zuwenden, was zum ewigen Heil führt, oder sich davon abkehren könnte« (I b 10). Dann erörtert Erasmus in einem zweiten Teil alttestamentliche Schrifttexte, die für oder gegen den freien Willen sprechen und in einem dritten Teil neutestamentliche Texte unter demselben Gesichtspunkt. In diesen Erörterungen bleibt Erasmus jedoch nicht bei seiner formal ontologischen Definition des freien Willens stehen, sondern referiert z. B. in seiner Exegese von Sir 15,14–18 den mittelalterlichen Diskurs über Gnade und freien Willen. Dabei schwenkt er auf eine augustinisch-thomistische Linie ein, die den freien Willen nur als einen durch die Gnade befreiten Willen kennt, dennoch aber daran festhält, daß der Mensch im Zusammenspiel von Gnade und einem durch die Gnade befreiten Willen das ewige Heil verdienen kann.

Luther ließ sich inzwischen Zeit und antwortete erst im Herbst 1525 mit seiner Schrift *De servo arbitrio* auf die Erasmianische *Diatribe*. Er fragt nach den Argumenten der Erasmianischen Einleitung sowie der jeweiligen Exegese der Bibelstellen, die für oder gegen den freien Willen sprechen. Gegen Erasmus macht Luther deutlich, daß man zwischen der Verborgenheit Gottes selbst und der Hl. Schrift unterscheiden müsse, die in der Sache des Heils bzw. des unfreien Willens nicht unklar, sondern hell und klar sei.

Gott und die Schrift sind zwei Dinge, nicht weniger als der Schöpfer und das Geschöpf Gottes zwei Dinge sind. Daß in Gott viel verborgen ist, was wir nicht wissen, daran zweifelt kein Mensch, wie er selbst vom jüngsten Tag sagt: ›Von jenem Tag weiß niemand, denn der Vater‹ (Mk 13,32) ... Daß aber in der Schrift gewisse unverständliche Dinge seien und nicht alles klar dargelegt sei, das wurde durch die gottlosen Sophisten verbreitet, mit deren Mund auch du, Erasmus, hier redest. Doch sie haben niemals auch nur einen einzigen Artikel vorgebracht – das können sie auch nicht –, mit dem sie diesen ihren Unsinn beweisen können. Durch solche Schreckgespenster hat der Satan vom Lesen der Hl. Schrift abgeschreckt und die Hl. Schrift verächtlich gemacht, um seine aus der Philosophie herrührende Pestilenz in der Kirche herrschen zu lassen. Das allerdings gebe ich zu, daß es in der Schrift manche unklare und unverständliche Stellen gibt – nicht aufgrund der Erhabenheit der behandelten Sache, sondern aufgrund der Unkenntnis der Worte und der Grammatik –, aber das hindert in keiner Weise das Verständnis all dessen, was in der Schrift behandelt wird. Denn was kann in der Schrift noch Erhabeneres verborgen bleiben, nachdem die Siegel gebrochen (Offb 6,1), der Stein von der Grabestür gewälzt (Lk 24,2) und jenes höchste Geheimnis bekanntgemacht ist: Christus, der Sohn Gottes, ist Mensch geworden, Gott ist dreieinig, Christus hat für uns gelitten und wird in Ewigkeit herrschen? Ist das nicht auch auf allen Gassen bekannt und gesungen? Nimm Christus aus der Schrift heraus, was wirst du dann noch in ihr finden (tolle Christum e scripturis, quid amplius in illis invenies)? Die in der Schrift enthaltenen Aussagen (res) sind alle ans Tageslicht gebracht, wenn auch gewisse Stel-

len wegen unbekannter Worte bislang unverständlich sind. Es ist aber tö-
richt und gottlos, zu wissen, daß die eigentlichen Inhalte der Schrift alle
im klarsten Licht dastehen, wegen einiger unverständlicher Worte diese
aber als unverständlich zu bezeichnen. Sind an einer Stelle die Worte un-
klar, an einer anderen Stelle sind sie doch klar. Eben das, was aufs offen-
kundigste der ganzen Welt verkündet ist, wird das eine Mal in der Schrift
mit klaren Worten gesagt, liegt das andere Mal aber hinter bislang unkla-
ren Worten verborgen. Wenn die Sache sich im Licht befindet, macht es
nichts aus, wenn irgendeines ihrer Zeichen im Dunkeln liegt, da indessen
viele andere ihrer Zeichen vor ihm im Licht sind …

Die Schrift ist für Luther somit in Sachen des Heils bzw. in dem,
»was Christum treibet«, klar und bringt von sich aus Klarheit in das
Dunkel des menschlichen Herzens bzw. die Unklarheit der Soterio-
logie. Entsprechend unterscheidet Luther eine doppelte Klarheit der
Schrift, eine äußere und eine innere, die äußere Klarheit besteht in
der biblischen Verkündigung, der wiederum die innere Klarheit des
Verstehens, die Ergriffenheit des Herzens entspricht, die der Geist
Gottes in uns durch das äußere Wort wirkt (WA 18,609,4 ff.). Die
Hl. Schrift aber und namentlich die paulinische Theologie machen
deutlich, daß der Mensch in Dingen des Heils von sich aus nichts
tun kann bzw. einen unfreien Willen hat. So etwas wie Wahlfreiheit
hat dagegen der Mensch nur in äußeren Dingen, die die weltlichen
Dinge *(iustitia civilis)* betreffen (WA 18,638,4 ff.642,7 ff.). Gegenüber Gott und seinem rechtfertigenden Handeln jedoch ist der
menschliche Wille unfrei. Hier ist es auch im Unterschied zu Erasmus notwendig, von der göttlichen Prädestination als integralem Be-
standteil der Gnadenlehre zu predigen, damit der menschliche
Hochmut gedemütigt und der Mensch für die Gnade Gottes geöffnet
werde (WA 18,632,28). Denn erstens hat Gott »gewiß den Demütigen, das ist, die sich verloren geben und verzweifelt sind, seine Gnade zugesagt. Völlig sich zu demütigen aber vermag der Mensch
nicht, bis er weiß, daß sein Heil ganz und gar außerhalb seiner Kräfte, Entschlüsse, Bemühungen, außerhalb seines Willens und seiner
Werke gänzlich von dem freien Ermessen, dem Entschluß, Willen
und Werk eines anderen, nämlich Gottes allein abhänge« (WA
18,632, 31 f.). Zweitens zielt die Predigt von der Rechtfertigung auf
den Glauben, der sich angesichts seiner eigenen Ungerechtigkeit ra-

dikal der Barmherzigkeit und Gerechtigkeit Gottes überläßt. Denn »wenn ich also durch irgendwelche Vernunft begreifen könnte, auf welche Weise Gott barmherzig und gerecht sei, der so großen Zorn und Ungerechtigkeit mit an den Tag legt, dann wäre der Glaube nicht nötig« (WA 18,633,19–21). »So ist der menschliche Wille in die Mitte gestellt wie ein Lasttier: Wenn Gott darauf sitzt, will er und geht er, wohin Gott will, ... Wenn der Satan darauf sitzt, will er und geht er, wohin der Satan will« (WA 18,635,17–20). Entsprechend schließt Luther den freien Willen als Partialursache der Rechtfertigung aus, nicht aber als den Ort, an dem Gnade und Sünde, Gott und Teufel in uns mächtig werden. »Nennen wir jedoch die Kraft des freien Willens diese, durch die der Mensch tauglich *(aptus)* ist, vom Geist ergriffen und von der Gnade Gottes erfüllt zu werden, als der zum ewigen Leben oder zum ewigen Tod erschaffen ist, so wäre das recht gesagt. Diese Kraft nämlich, das ist die Tauglichkeit *(aptitudo)* oder, wie die Sophisten sagen, die in ihm angelegte Eigenschaft und passive Tauglichkeit, die bekennen auch wir, ...« (WA 18,636,16- 20). Da aber der Wille des Menschen als *appetitus spiritualis* einen Herrschaftswechsel von der Sünde zur Gnade, vom Teufel zu Gott, nicht von sich aus zuwege bringen kann, ist er wahrhaft unfrei. Freier Wille, so führt Luther weiter aus, ist im stringenten Sinne letztlich nur von Gott aus zu sagen. »Daraus folgt nun, daß der freie Wille gänzlich ein göttlicher Name ist und keinem anderen zukommen kann als allein der göttlichen Majestät. Diese nämlich vermag und tut, wie der Psalm singt, alles, was sie will, im Himmel und auf Erden. Wenn dieses dem Menschen beigelegt wird, wird es in nichts rechtmäßiger beigelegt, als würde man ihnen auch die Gottheit selbst beilegen, eine Gotteslästerung, wie sie größer nicht sein kann« (WA 18,636,27–29). Die Freiheit des Christenmenschen besteht daher nicht in der Wahlfreiheit gegenüber Gott mit oder ohne Gnade, sondern in der durch die Gnade ermöglichten passiven Partizipation des Willens bzw. des geistigen Strebens des Menschen an der Freiheit Gottes. Im Blick auf den Menschen ist deshalb auch unter der Gnade von einem *servum arbitrium* zu reden. So sind wir durch Gottes Geist »Knechte und Gefangene – was jedoch königliche Freiheit ist –, so daß wir bereitwillig wollen und tun, was er selbst will« (WA 18,635,15–17). Denn wer in der Vollmacht des Glaubens Gott Gott sein lassen und auf Gott allein sein Vertrauen setzen kann, der ist wahrhaft frei.

Indem Luther in dieser Weise die Anthropologie in das Licht der paulinischen Rechtfertigungslehre rückte und im Blick auf das Heil radikal von der Unfreiheit des Menschen redete, kam es endgültig zum Bruch mit Erasmus. Luther trennte sich jedoch mit seiner Schrift *De servo arbitrio* nicht in jeder Hinsicht vom Humanismus. In der Philologie und der Schriftexegese wie in der Universitäts- und Schulreform blieb er dem Humanismus zeitlebens verbunden. Erasmus war jedoch über Luthers Antwort verärgert und veröffentlichte im Frühjahr 1526 eine Verteidigungsschrift gegen Luther mit dem Titel *Hyperaspistes diatribae adversus servum arbitrium Martini Lutheri*. Doch brachte diese Schrift keine neuen Gesichtspunkte gegenüber Luther, so daß dieser seine Debatte um die theologische Anthropologie mit Erasmus durch *De servo arbitrio* als beendet ansah. Erasmus, der sich inzwischen in Basel befand und dort bei dem Buchdrucker Froben seine Kirchenväter-Ausgaben vorantrieb, wurde durch diesen Streit mit Luther immer mehr in das altgläubige Lager gedrängt. Als 1529 auch in Basel die Reformation eingeführt wurde, flüchtete Erasmus in das katholische Freiburg. Unermüdlich setzte er sich weiter für seine humanistischen Ziele ein, zu denen auch der Kampf um die Einheit der Christenheit in seiner 1533 entstandenen Schrift *De sarcienda ecclesiae concordia* (Über die wiederherzustellende Eintracht der Kirche) gehört. 1535 kehrte Erasmus nach Basel zurück und starb dort am 12.7.1536.

Der Abendmahlsstreit 1525–1529

Während der Streit mit Karlstadt über das Abendmahl 1524/25 seinen Höhepunkt erreichte, zeichnete sich eine Auseinandersetzung Luthers mit Zwingli und Oekolampad in dieser Frage erst vorsichtig ab. Zwingli und Oekolampad versuchten, von ihren Voraussetzungen aus eher vermittelnd in die Sache einzugreifen und ein symbolisches Verständnis der Abendmahlselemente anders zu begründen als Karlstadt. Dennoch war die Auseinandersetzung, namentlich zwischen Zwingli und Luther, über das Abendmahlsverständnis nicht zu vermeiden. Sie kam in Gang, als Zwingli im November

1525 einen Brief an den Reutlinger Reformator und Prediger Matthäus Alber schrieb. Dieser hatte sich durch tapferen Widerstand gegen das Reichsregiment und den Herzog Ferdinand im Kampf um die Reutlinger Reformation einen Namen gemacht und bot sich Zwingli als Ansprechpartner an. In Wahrheit aber zielte Zwingli auf Luther, doch wagte er den deutschen Reformator noch nicht offen anzugreifen. In jenem Brief gründete er seine Auffassung des Abendmahls, nach der die Abendmahlselemente bloße Zeichen des auf Golgatha ein für allemal vollzogenen Kreuzesopfers Christi sind, auf zwei Argumente. Einmal berief er sich auf Joh 6,63: »Der Geist ist es, der lebendig macht, das Fleisch nützt nichts.« Damit seien Leib und Blut Christi als Abendmahlsgaben ausgeschlossen. Zum anderen sind die Abendmahlsworte nach Zwingli nicht eigentlich, sondern übertragen (tropologisch) zu verstehen. Das *est* in dem Satz *hoc est corpus meum* ist wiederzugeben durch ein *significat*. Entsprechend lautet der Satz nicht, das ist mein Leib, sondern das bedeutet mein Leib. So ist Christus in den Abendmahlselementen nicht real präsent. Die Elemente bedeuten nur den Leib Christi bzw. sie verweisen auf das einmalige Opfer Christi auf Golgatha, an das der Glaube in der Kraft Christi sich erinnert (s. o. Seite 98–99). Im März 1525 vertiefte Zwingli seine Abendmahlsauffassung in seinem Kommentar *De vera et falsa religione*. Nun vervollständigte er sein symbolisches Abendmahlsverständnis noch durch drei weitere Argumente. Einmal erläuterte er, daß der Begriff *sacramentum* im Lateinischen soviel wie »Eid«, im besonderen den »Fahneneid« meint. Er hat nach Zwingli nichts mit etwas Geheimnisvollem, Heiligem oder einem Mysterium zu tun, das die Vulgata aus ihm unbekannten Gründen mit *sacramentum* übersetzt. Man muß demnach unter *sacramentum* eine feierliche Verpflichtung oder Zeremonie verstehen, »durch die sich der Mensch der Kirche als Jünger oder Soldat Christi erweist« (Z III,758,15 ff.). Zum anderen verwies Zwingli nun auf die Patristik und zeigte mit einer Reihe von Väterzitaten, daß auch große alte Väter eine von der römischen Meßopferlehre abweichende symbolische Abendmahlsanschauung vertreten haben. Eine umfassende Sammlung von Väterzitaten konnte sich Zwingli sparen, da im Herbst 1525 Oekolampad in seiner Schrift *De genuina verborum domini, ›hoc est corpus meum‹ iuxta vetustissimos autores expositione liber* eine große Zahl von Kirchenvätern als Kronzeugen für seine und Zwinglis Lehre aufbot. Oekolampad bezog im Unterschied zu Zwingli jedoch die signifikative Bedeutung Abendmahls nicht auf das Wort *est*, sondern auf das Wort *corpus* und sprach im Blick auf die Abendmahlsworte von einem *signum corporis Christi*. Auf Oekolampad geht auch das dritte Argument zurück, das Zwingli aufbietet, indem er nun näher ausführt, daß es sich bei den Einsetzungsworten um eine tropische, d. h. übertragene Redeweise handelt. Nach der antiken und mittelalterlichen Rhetorik verstand man unter einem Tropus einen Sprachgebrauch, der von seiner natürlichen und ursprünglichen Bedeutung auf eine andere Bedeutung übertragen wird, um z. b. eine Rede auszuschmücken oder um die Mehrdeutigkeit eines Begriffs darzulegen. Danach enthalten die Abendmahlsworte eine bildliche, uneigentliche Redeweise, und die Elemente sind nicht selbst Leib und Blut Christi, sondern verweisen nur auf Leib und Blut Christi im Tod auf Golgatha.

Luther, der sich gerade mit Karlstadt auseinandergesetzt hatte, wollte nicht schon wieder in die Abendmahlsdebatte eingreifen und war deshalb sehr erfreut, als eine Reihe schwäbischer Theologen unter Führung von Johannes Brenz aus Schwäbisch-Hall sich mit Zwingli und Oekolampad auseinandersetzten. Ende September/Anfang Oktober 1525 verfaßte Brenz mit einer Reihe anderer schwäbischer Theologen eine Schrift gegen Oekolampad. Ein Augsburger Drucker, der sie unbeauftragt im Januar 1526 veröffentlichte, gab ihr den Titel *Syngramma clarissimorum virorum, qui Halae Suevorum convenerunt, super verbis coenae domenicae, ad pium et eruditum Johannem Oecolampadion, Basiliensem ecclesiastem*. Brenz wies darin Oekolampads Vorwurf zurück, daß die Lutheraner mit ihrer Lehre von der Realpräsenz Christi im Abendmahl noch dem Lombarden und anderen Scholastikern folgten, und brachte zum Ausdruck, daß das Abendmahl nicht nur das Brot als Zeichen der Gemeinschaft, sondern auch das göttliche Verheißungswort hat. Dieses Wort aber redet nicht nur, sondern »tröstet die Angefochtenen, richtet die Niedergeschlagenen auf, stärkt den Glauben, kurz es bringt alle Güter Gottes«. Christus gibt deshalb das, was er sagt. »Wenn er sagt: Mein Leib wird für euch gegeben, mein Blut für euch vergossen, schließt er dann nicht Leib und Blut in dieses Wort ein?« Darin liegt nach Brenz die Macht des göttlichen Wortes. »Warum sollte es diese Macht nicht behalten, wenn es zu Brot und Kelch hinzukommt?«»Da siehst du, was für ein Wunder wir im Brot und im Kelch des Herrenmahls bekennen. Das ganze Wunder ist nämlich das Wunder des Wortes, durch das Leib und Blut in Brot und Wein ausgeteilt werden, nicht als Brot und Wein, sondern weil sie das Wort haben: das ist Leib, das ist Blut« (Johannes Brenz, Frühschriften, Bd. 1, 240,22 ff.242,6 ff.16 ff.25 ff.). Die Realpräsenz Christi in den Abendmahlsworten hängt so für Brenz an der Realpräsenz Christi in der Abendmahlsverheißung, die die Elemente umgreift. »Wie der Glaube das Wort, das mit den Ohren gehört wird, auf seine Weise empfängt, so wird auch der Leib, der im Brot genommen wird, nach Glaubensweise empfangen« (aaO. 272,14 ff.32 ff.). Zugleich weist Brenz auch Zwinglis und Oekolampads Väterbeweise zurück, indem er feststellt: »Es wäre viel richtiger, daß wir die Väter durch das Wort Christi interpretieren als das Wort Christi durch die Väter« (aaO. 244, 28 ff.). Brenz bemüht sich so, eine krasse Materialität der Abendmahlsauffassung ebenso auszuschließen wie eine philosophische oder durch einen rhetorischen Tropus begründete Leugnung jener Realität des Gebens durch das Wort Christi. Luther nahm diese schwäbische Schützenhilfe mit Freuden zur Kenntnis, entsprach sie doch dem, was er selbst in »Wider die himmlischen Propheten ...« über den Zusammenhang von Wort und sakramentalem Zeichen gesagt hatte. Luther hielt sich selbst noch zurück, in die Diskussion mit Zwingli einzutreten und verfaßte zunächst nur einen Sendbrief an die Reutlinger Gemeinde im Januar 1526 und eine Vorrede zu einer Übersetzung des ihn unterstützenden *Syngramma Suevicum* im Frühjahr 1526 (WA 19,118-125.457–461). Erst Luthers »Sermon von dem Sakrament des Leibes und Blutes Christi, wider die Schwarmgeister« im Herbst 1526 (WA 19,482–523) ging generell auf die Diskussion mit den Schweizern ein, ohne deren Argumente im einzelnen zu behandeln.

Inzwischen hatte der Straßburger Reformator Bucer große Sympathie für Zwingli bekundet und sich am 28. 7. 1526 an Oekolampad mit einem Brief gewandt, der zur Weitergabe an Zwingli bestimmt war. Anknüpfend an die beigelegte Vorrede Luthers zum schwäbischen *Syngramma* schrieb Bucer: »Ich wünschte, Zwingli veröffentlichte ein Schriftchen in deutscher Sprache, in dem er Luther freundlich *(amice)*, aber ernst ermahnte, sich nicht selbst zuviel zuzutrauen und anzuerkennen, daß er in dieser Frage von keinem gu-

ten Geist geleitet wird« (Z VIII,647,2 ff.). Zwingli verfaßte nun seine
erste große Abendmahlsschrift mit dem Titel *Amica exegesis, id est:
expositio eucharistiae negocii ad Martinum Lutherum* (Z V,448 ff.).
Die Einsetzungsworte erläutert Zwingli wiederum mit Hilfe des Tro-
pus-Begriffes. Im übrigen richtet er sich vor allem gegen das schwäbische *Syngramma*, d. h. gegen Johannes Brenz: »Sie irren vollständig, wenn Sie meinen, daß durch das Wort die Sache selbst oder der
Glaube an die Sache selbst gegeben wird … Denn auch nach dem
Hören des Wortes geht niemand als Glaubender davon, wenn er
nicht gezogen wird durch den Hauch des Geistes« (Z V,5,591,5.7 f.).

Auch das Wort ist für Zwingli ein bloß äußeres Zeichen, das den
Geist nicht zu vermitteln vermag, sondern nur auf ihn verweisen
kann. Als sprachliche Verlautbarung ist es etwas Materielles, das
vom Geist unterschieden ist und ihn nicht vermittelt. Der Geist muß
vielmehr unmittelbar auf den Geist wirken. Nur durch den Geist
vollzieht sich – so nach Zwingli – die Gegenwart Christi im Glaubenden. Entsprechend kann Christus nicht in den Abendmahlselementen präsent sein, sondern nur im Geist der Glaubenden, die im
Abendmahl des einmaligen Kreuzesopfers Christi gedenken. Eine
Realpräsenz des Leibes Christi im Abendmahl ist aber – wie Zwingli
ausführt – auch aus christologischen Gründen nicht denkbar. Da
nach der Erhöhung Christi die göttliche und menschliche Natur ihrem Wesen nach unterschieden bleiben, ist eine Teilhabe der menschlichen Natur an der Allmacht bzw. Allgegenwart Gottes und entsprechend eine Gegenwart im Sakrament nicht möglich. Damit vertrat Zwingli eine »nestorianisch« gefärbte Christologie. Die gegen-
seitige Mitteilung der Eigenschaften der beiden Naturen an die Person Christi läßt sich nach Zwingli nur als *communio naturarum*,
d. h. als Gemeinschaft der beiden Naturen beschreiben. In einem
rein sprachlichen Gegenwechsel oder mit einem aus der griechischen Rhetorik entstammenden Begriff *per alloiosim* hat die Person
teil an den göttlichen wie an den menschlichen Eigenschaften. Damit sagt Zwingli aus, daß die der einen oder anderen Natur eigentümlichen Beschaffenheiten nicht aufgehoben werden. Im Blick auf
die Frage der Realpräsenz heißt das, daß die menschliche Natur des
erhöhten Christus nicht teilhat an der Allgegenwart der göttlichen
Natur, sondern ihre endliche Räumlichkeit behält und sich *certo loco* im Himmel zur Rechten Gottes befindet. Der Leib Christi kann

deshalb nicht überall im Abendmahl präsent sein, er befindet sich vielmehr nach der Auferstehung an einem bestimmten Ort im Himmel.

Mit diesen Erörterungen verlagert sich die Abendmahlsfrage von der Exegese in die Christologie. Entsprechend war auch Luther gezwungen, in der Abendmahlsdebatte nun ausführlicher christologisch zu argumentieren. Das geschieht jedoch noch nicht in Luthers Schrift »Daß diese Worte Christi: ›Das ist mein Leib etc.‹ noch feststehen wider die Schwarmgeister« (WA 23,64–332), die im April 1527 erschien und sich mit der *Amica exegesis* Zwinglis überschnitt. Luther wendet sich in jener Schrift in erster Linie noch gegen Oekolampad, der sich früher als Zwingli ausführlicher zum Thema geäußert hatte. Zwingli wird nur aufgrund kleinerer Schriften erwähnt, sein Kommentar *De vera et falsa religione* von 1525 wird dabei nicht benutzt. Luther führt aus, daß derjenige, der im Abendmahltext das *est* durch ein *significat* ersetze, diese These aus dem Kontext der Abendmahlsworte oder aus einem Artikel des Glaubens belegen müsse und nicht allgemein rhetorischen und hermeneutischen Prinzipien folgen dürfe. Luther bestreitet dabei nicht, daß es bildhafte, d.h. tropologische Redeweisen in der Hl. Schrift gibt, sondern nur, daß man in dieser Weise zu einer richtigen Deutung der Abendmahlsworte komme. Sofern schon bei Zwingli und Oekolampad die lokale Vorstellung der Gegenwart Christi im Himmel angeklungen war, stellt Luther fest: »Die Schrift aber lehrt uns, daß Gottes rechte Hand nicht sei ein sonderlicher Ort, da ein Stuhl solle oder möge sein, als auf einem gulden Stuhl, sondern sei die allmächtige Gewalt Gottes, welche zugleich nirgends sein kann und doch an allen Orten sein muß ... Denn Gott ist's, der alle Dinge schafft, wirkt und erhält durch seine allmächtige Gewalt und rechte Hand, wie unser Glaube bekennt. Denn er schickt keine Amtleute oder Engel aus, wenn er etwas schafft oder erhält, sondern solchs alles ist seiner göttlichen Gewalt selbs eigen Werk ... Darum muß er ja in einer iglichen Kreatur in ihrem Allerinnwendigsten, Auswendigsten, umb und umb, durch und durch, unten und oben, vorn und hinten selbs da sein, das nichts Gegenwärtigeres noch Innerlicheres sein kann in allen Kreaturen, denn Gott selbs mit seiner Gewalt« (WA 23,133,19 ff.). Die biblische Wendung zur »Rechten Gottes« oder »die rechte Hand Gottes« bezeichnet so nach Luther nicht einen weltbildhaft fixierbaren Ort, sondern wie im Alten Testament Gottes allgegenwärtige, schaffende, schützende Macht und im Neuen Testament die Erhöhung Christi zur Majestät Gottes, d. h. die Teilnahme an seiner Herrschaft, an der Spendung des Hl. Geistes oder auch die Macht, uns vor ihm zu vertreten. Diese Verbindung von allmächtigem Schaffen und Einwohnen Gottes in allem, was uns seine Gnade vermittelt, bildet auch den Hintergrund für Christi Gegenwart im Sakrament, die er selbst verheißen hat. Auch die Zwinglische Exegese von Joh 6,63: »Das Fleisch ist nichts nütze…« gegen die Realpräsenz macht auf Luther keinen Eindruck, weil Joh 6,63 nicht vom Altarsakrament, sondern vom Glauben als dem geistlichen und lebendigen Essen des fleischgewordenen Wortes handelt. Die Auseinandersetzung über die Abendmahlsfrage verschärfte sich erheblich, als Zwingli sofort nach dem Erscheinen von Luthers Schrift eine Gegenschrift erscheinen ließ: »Daß diese Worte Jesu Christi ›Das ist mein Leichnam, der für euch hingeben wird‹ ewiglich den alten, einigen Sinn haben werden, und M. Luther mit seinem letzten Buch seinen und des Papsts Sinn gar nit gelehrt und bewährt (bewiesen) hat. Huldrych Zwingli christenlich Antwort« (Z V 805 ff.). Zwingli stützt in seinem Gegenangriff seine Argumentation auf zwei Gründe: Erstens verteidigt er seine symbolische Deutung der Einsetzungsworte mit einer großen Anzahl von Stellen, in denen das Erlösungswerk Christi nicht an das Essen und Trinken seines Leibes und Blutes, sondern an das Wirken des Hl. Geistes und an das Hören, an den Glauben, an das Gedächtnis von Christi Tod und seiner Auferstehung geknüpft ist. Zweitens verstärkt Zwingli seine christologische Argumentation. Er setzt auch nach der Erhöhung Christi eine strenge Geschiedenheit der beiden Naturen Christi voraus, die nur eine uneigentliche rhetorische Übertragung der Eigenschaften der göttlichen Natur auf die menschliche und umgekehrt erlaubt. Und so wendet er sich an Luther: »Du schreist zur Tür herein ›Gottes rechte Hand ist allenthalb. Christus ist zur rechten Hand Gottes, also ist auch der Leichnam (Leib) Christi allenthalb.‹ Sieh, wie schön du schließest! Wer hat dich so hübsch gelehrt, zu zwirbeln und zweien (in- und auseinander zu drehen) in den beiden Naturen, daß du vor dem Einfältigen mit so falschem Schein gleich (ebenso) willst auf die menschliche Natur hinführen, was auch der göttlichen, ja allein der göttlichen ist?« (Z V,930, 23 ff.). Es dauerte eine Weile, bis

Luther auf die neue Abendmahlsschrift Zwinglis reagierte, da er sie erst im November 1527 in Händen hatte. Zur Frankfurter Frühjahrsmesse 1528 erschien dann Luthers umfangreiche Gegenschrift »Vom Abendmahl Christi. Bekenntnis« (WA 26,261–509). Mit dem Stichwort »Bekenntnis« fügte Luther der Abendmahlsschrift eine Zusammenfassung seiner eigenen theologischen Position 1528 an und stellte fest: »Zum dritten, bekennen alle Artikel meines Glaubens wider diese und alle andere neue Ketzerei, damit sie nicht dermaleinst oder nach meinem Tod rühmen möchten, der Luther hätte es mit ihnen gehalten, wie sie schon in etlichen Stücken getan haben« (WA 26,262,22–25). Die Abendmahlsschrift selbst bietet wiederum zwei Grundargumente, nämlich ein exegetisch-hermeneutisches und ein christologisches. Zur Deutung der Abendmahlsworte stellt Luther fest: »Es ist eine gewisse Regel in allen Sprachen: Wo das Wörtlein ›ist‹ (das ist mein Leib) in einer Rede eingeführt wird, da redet man gewißlich vom Wesen desselben Dinges und nicht von seinem (Be)deuten« (WA 26,383, 19 ff.). Ferner hängt die Auslegung der Abendmahlsworte nicht von den hermeneutischen Regeln der antiken Rhetorik ab, sondern von den Aussagen der Bibel und dem Glaubensvollzug, in dem sie stehen. Die Realitätsaussage der Bibel meint aber nicht etwas Materielles, sondern etwas konkret Geistliches. Der Geist ist eine schöpferische Realität. Es ist etwas schöpferisch Reales, das dem Glauben immer wieder in der Feier des Sakramentes dargeboten wird. So und nicht anders meinten es auch die Evangelisten Matthäus und Markus, wenn sie sagen: »Das ist mein Blut des Neuen Testamentes«, »so halten Matthäus und Markus das Wort ›neue(s) Testament‹ fest, rein und einfältig ohne allen tropus …« (vgl. WA 26,477, 34 ff.). »Denn ›neue(s) Testament‹ ist Verheißung, ja vielmehr Schenkung der Gnade und Vergebung der Sünden. Das ist das recht Euangelion … Darumb, wer von diesem Becher trinkt, der trinkt wahrhaftig das rechte Blut Christi und die Vergebung der Sünden oder den Geist Christi, welche in und mit dem Becher empfangen werden, und wird hier nicht eine ledige (bloße) Figur oder Zeichen des neuen Testaments oder des Bluts Christi empfangen« (WA 26,468, 32 ff.).

So hängt mit dem rechten Verständnis der Abendmahlsworte auch das ihrer Wirkung zusammen. Auch Luther hält mit Zwingli daran fest, daß Christus ein für allemal für uns auf Golgatha gestorben ist und nicht erneut in der Messe geopfert wird. »Aber wir wissen, daß Christus einmal für uns gestorben ist, und solch Sterben austeilet er durch Predigen, Täufen, Geist, Lesen, Glauben, Essen und wie er will, wo er ist und was er tut« (WA 295,34 ff.). Für Luther ist wichtig, daß die durch Christus im Kreuzestod auf Golgatha erworbene Vergebung der Sünden durch die Abendmahlsverheißung, die die Abendmahlselemente umgreift, dem Glaubenden mitgeteilt wird. »Darumb sagen wir, im Abendmahl sei Vergebung der Sunden nicht des Essens halben oder daß Christus daselbs der Sündenvergebung verdiene oder erwerbe, sondern des Worts halben, dadurch er solche erworbene Vergebung unter uns austeilet und spricht ›das ist mein Leib, der für euch gegeben wird‹, hie hörest du, daß wir den Leib als für uns gegeben essen und solchs hören und gläuben im Essen, drumb wird Vergebung der Sünden da ausgeteilet, die am Kreuz doch erlangt ist« (WA 26,294,12 ff.).

Der andere Schwerpunkt von Luthers Argumentation ist die Christologie, aus der heraus er die Realpräsenz Christi im Abendmahl folgerte, Zwingli aber die Nichtpräsenz Christi. Während Zwingli die Unterscheidung der beiden Naturen einschärfte und aus der menschlichen Natur deren räumliche Vorhandenheit *certo loco* im Himmel folgerte, legte Luther den Hauptakzent auf die personale Einheit beider Naturen in der Person Christi, ohne daß dadurch die eine oder die andere Seite ihre Realität verliert.

Denn das heist er (Zwingli) Alloiosin, wenn etwas von der Gottheit Christi gesagt wird, das doch (eigentlich) der Menschheit zusteht. Ein Beispiel aus dem letzten Kapitel bei Lukas: ›Mußte nicht Christus leiden und so in seine Herrlichkeit eingehen?‹ (Lk 24,26). Hier gaukelt er, daß allein die menschliche Natur Christi gemeint sei. Hüt' dich, ... sage ich, vor der Alloiosis, sie ist des Teufels Maske, denn sie richtet uns zu guter Letzt einen solchen Christus zu, nachdem ich nicht gerne Christ sein wollte: Da ist und tut Christus in seinem Leiden und Leben nichts anderes mehr als ein normaler Heiliger auch. Denn wenn ich glauben würde, daß allein die menschliche Natur für mich gelitten hat, so wäre mir Christus ein schlechter Heiland, er hätte wohl selbst einen Heiland nötig. Summa: Es ist unfaßlich, was der Teufel mit der Alloiosis anstellt ... wenn nun hier die alte Wettermacherin, die Frau Vernunft, der Alloiosis Großmutter, sagen würde: ›Die Gottheit kann doch nicht leiden und sterben‹, dann solltest du antworten: ›Das ist wahr. Aber dennoch, weil Gottheit und Menschheit in Christo eine Person sind, so überträgt die Schrift um dieser personalen Einheit willen auf die Gottheit alles, was dem Menschen widerfährt; und umgekehrt‹. So ist es auch in Wahrheit, denn du mußt ja zugeben: Die eine Person, also Christus, leidet und stirbt. Nun ist aber diese Person wahrhaftiger Gott, deshalb zu Recht gesagt wird: Gottes Sohn leidet … Es würde mir auch ein schlechter Christus zurückbleiben, der nur noch an einem einzigen Ort göttliche und menschliche Person in eins wäre, an allen anderen Orten aber göttliche Person allein, ohne ihre Menschheit. Nein Geselle, wo du mir Gott hinsetzt, da mußt du mir die Menschheit mit hinsetzen: Sie lassen sich nicht voneinander scheiden und trennen, sondern sie sind eine einzige Person geworden, die die Menschheit nicht so von sich scheidet, wie Meister Hans seinen Rock auszieht und von sich legt, wenn er schlafen geht.

Luther kennt somit keinen anderen Gott als den menschgewordenen. Gott ist in Christus dem Menschen real begegnet. Darum ist er auch im Abendmahl und in dem dem Wort eingebundenen Element real gegenwärtig. So ist es Luthers Inkarnationstheologie und deren soteriologische Relevanz, die ihn an der Realpräsenz Christi im Abendmahl festhalten läßt. Entsprechend der Einheit der beiden Naturen Christi in der Person Christi hat die menschliche Natur an der Allmacht der göttlichen und so auch an ihrer Allgegenwart teil. So sind auch für den Gottessohn nach seiner »übernatürlichen Existenz« und für uns unbegreiflichen Identität mit dem göttlichen Vater alle Raumgrenzen aufgehoben, so »daß ihm alle Kreaturen so durchläufig (durchdringbar) und gegenwärtig sind, wie einem anderen Körper sein leibliche Stätt oder Ort« (WA 26,330,26 f.). Mit diesen Aussagen formuliert Luther seine sog. Ubiquitätslehre als christologische Begründung der Realpräsenz Christi im Abendmahl. Luthers soteriologisches Interesse an der die Anfechtung überwindenden Heilsgewißheit des Abendmahls findet seine Begründung in einer Christologie, die Gottheit und Menschheit nicht auseinanderreißt, sondern keinen anderen Gott kennt als den, der sich in dem Menschen Jesus Christus mitgeteilt hat. Das ist auch der Kern seines ausführlichen, trinitarisch gefaßten Bekenntnisses seines reformatorischen Glaubens, das er der Abendmahlsschrift beigibt.

Die so geführte Abendmahlsdebatte mündete schließlich in das

Marburger Religionsgespräch vom 1.10.–4.10.1529, zu dem Philipp von Hessen die Kontrahenten Luther und Zwingli und ihre Mitstreiter einlud. Diese Einladung war aber nicht nur theologisch, sondern auch politisch motiviert. Denn auf dem Reichstag zu Speyer von 1529 einigten sich die katholischen Stände unter Erzherzog Ferdinand, der den Kaiser Karl V. vertrat, auf ein tatkräftiges Vorgehen gegen die Protestanten. Der Reichstag beschloß die Aufhebung des Reichstagsabschiedes des ersten Speyerer Reichstages von 1526, auf dem beschlossen war, das Wormser Edikt von 1521 nur dort durchzuführen, wo es bis dahin gehalten worden sei. Die Territorien, die es bis dahin nicht angewandt hätten, sollten sich aller Neuerung enthalten und den katholischen Gottesdienst dulden. Der Aufhebung dieser Beschlüsse und damit der erneuten Forderung der Durchführung des Wormser Ediktes stellten die evangelischen Stände 1529 in Speyer eine feierliche Protestation entgegen, von der her sie nun den Namen »Protestanten« tragen sollten. In dieser Protestation vom 9.4.1529 vereinigten sich im ganzen 6 Fürsten und 14 Städte. Aus dieser Vereinigung sollte nach dem Willen Philipps von Hessen ein politisches Bündnis entstehen, das auch die Schweizer einschließen sollte. Dazu bedurfte es aber zuvor der Einigung in der theologisch strittigen Abendmahlsfrage. So debattierten in Gegenwart Philipps von Hessen vom 1.10.- 4.10.1529 in Marburg auf der einen Seite Luther und Melanchthon und auf der anderen Seite Zwingli und Oekolampad. Doch war es nicht möglich, in der Frage der Realpräsenz zu einem Ergebnis zu kommen. Immerhin faßte man die gemeinsame reformatorische Position in 15 Artikeln zusammen, im 15. Art. selbst, das Abendmahl betreffend, wird soweit wie möglich zunächst die Übereinstimmung konstatiert, dann aber der Dissens festgestellt.

Zum funfzehenten gleuben und halten wir alle von dem Nachtmahle unsers lieben Herrn Jesu Christi, daß man beide Gestalt nach der Insatzung Christi prauchen solle, daß auch die Messe nicht ein Werk ist, damit einer dem anderen tot oder lebendig Gnad erlange, daß auch das Sacrament des Altars sei ein Sacrament des wahren Leibs und Pluts Jesu Christi, und die geistliche Nießung des selbigen Leibs und Pluts einem jeden Christen vornemlich von nöten, desgleichen der Brauch des Sacraments, wie das Wort von Gott dem Allmechtigen gegeben und geordnet sei, damit die schwa-

chen Gewissen zu gleuben zu bewegen durch den Heiligen Geist. Und wiewohl aber wir uns, ob der wahr Leib und Plut Christi leiblich in Brot und Wein sei, dieser Zeit nit vergleicht haben, so soll doch ein Teil gegen dem andern christliche Liebe, sofern jedes Gewissen immer leiden kann, zeigen und beide Teil Gott den Allmechtigen fleißig bitten, daß er uns durch seinen Geist den rechten Verstand bestetigen wolle. Amen

Der Schlußsatz dieses Artikels zielte darauf, daß man die theologische Polemik nicht in der bisherigen scharfen Form weiterführen sollte. Man gab sich gegenseitig das Versprechen, nichts ohne vorherige Übereinstimmung gegen die andere Partei zu schreiben.

Täufer und Spiritualisten

So sehr das Täufertum des 16. Jhs. in der Radikalisierung der Zwinglischen Reformation in Zürich sich herausgebildet hat, so sehr ist es nicht nur auf Zürcher Boden entstanden und von einer Radikalisierung Zwinglischen Denkens geprägt. Die historische Forschung hat in den letzten Jahren ein sehr differenziertes Bild von den Anfängen und der Gestalt des Täufertums gezeichnet und ein einheitlich täuferisches Leitbild verabschiedet. So hat sich das Täufertum nicht aus einer Wurzel heraus entwickelt, sondern aus mehreren. Diese reichen in den Raum der Zürcher Reformation, in den Bereich der radikalen Reformation Thomas Müntzers in Mitteldeutschland, die sich in der Täuferbewegung um Hans Hut fortsetzt, und schließlich in das charismatisch-apokalyptische Milieu Straßburgs, in dem Melchior Hoffmann durch seine spiritualistisch-endzeitlichen Ideen eine besondere Gestalt des Täufertums formte und sie in den niederdeutschen Raum brachte. Die Forschung hat deshalb die monogenetische durch eine polygenetische Sicht des Täufertums ersetzt. Dennoch ist nicht zu bestreiten, daß das Täufertum durch die Vertreibung der Zürcher Täufer in Süddeutschland, im Elsaß, in Baden, in der Pfalz, in Württemberg und in Tirol wichtige Impulse erhielt. Im November 1525 wurde der ehemalige Prior des Klosters St. Peter im Schwarzwald, *Michael Sattler*, aus Zürich verbannt. Er begab sich nach Württemberg und entwickelte dort eine rege Aktivität für das Täufertum. Am 24.2.1527 trafen sich in Schleitheim bei Schaffhausen zum erstenmal die süddeutschen Täufer unter Vorsitz von Michael Sattler, um ihre Ziele und Anliegen zu diskutieren und in den sog. »Schleitheimer Artikeln« zusammenzufassen. Diese zielen im wesentlichen auf die Glaubenstaufe, den Bann, die Abendmahlsgemeinschaft, die Absonderung von der Welt, Gewaltlosigkeit und Ablehnung des Eides wie des obrigkeitlichen Amtes. Im einzelnen führen sie aus:

Zum ersten merkt euch über die Taufe: Die Taufe soll all denen gegeben werden, die über die Buße und Änderung des Lebens belehrt worden sind und wahrhaftig glauben, daß ihre Sünden durch Christus hinweggenommen sind, ... Damit wird jede Kindertaufe ausgeschlossen, die der höchste und erste Greuel des Papstes ist...

Zum zweiten haben wir uns folgendermaßen über den Bann geeinigt. Der Bann soll bei all denen Anwendung finden, die sich dem Herrn ergeben haben ... und doch zuweilen ausgleiten, in einen Irrtum und eine Sünde fallen und unversehens (davon) überwältigt werden. Dieselben sollen zweimal heimlich ermahnt und beim dritten Mal öffentlich vor der ganzen Gemeinde zurechtgewiesen und gebannt werden ...

Zum dritten, was das Brotbrechen anlangt, sind wir uns einig geworden und haben folgendes vereinbart: Alle, die ein Brot brechen wollen zum Gedächtnis des gebrochenen Leibes Christi, und alle, die von einem Trank trinken wollen zum Gedächtnis des vergossenen Blutes Christi, die sollen vorher vereinigt sein zu einem Leib Christi, das ist zur Gemeinde Gottes, deren Haupt Christus ist, nämlich durch die Taufe ...

Zum vierten haben wir uns über die Absonderung geeinigt. Sie soll geschehen von dem Bösen und Argen, das der Teufel in die Welt gepflanzt hat, damit wir ja nicht Gemeinschaft mit ihnen haben und mit ihnen in Gemeinschaft mit ihrem Greuel laufen ... Greuel, die wir meiden und fliehen sollen. Damit sind gemeint alle päpstlichen und widerpäpstlichen Werke und Gottesdienste, Versammlungen, Kirchenbesuche, Weinhäuser, Bündnisse und Verträge des Unglaubens ...

Zum fünften haben wir uns über die Hirten in der Gemeinde folgendermaßen geeinigt: Der Hirte in der Gemeinde soll ganz und gar nach der Ordnung von Paulus (1.Tim 3,7) jemand sein, der einen guten Leumund bei denen hat, die außerhalb des Glaubens sind ... Er soll aber von der Gemeinde, die ihn gewählt hat, unterhalten werden, wenn er Mangel haben sollte ...

Zum sechsten haben wir uns über das Schwert folgendermaßen geeinigt:
Das Schwert ist eine Gottesordnung außerhalb der Vollkommenheit der
Christenheit. Es straft und tötet den Bösen und schützt und schirmt den
Guten. Im Gesetz wird das Schwert über die Bösen zur Strafe und zum
Tode verordnet ... Nun wird von vielen, die den Willen Christi für uns
nicht erkennen, gefragt, ob auch ein Christ das Schwert gegen den Bösen
zum Schutz und Schirm des Guten und um der Liebe willen führen könne
und solle. Die Antwort ist einmütig folgendermaßen geoffenbart: Christus
lehrt und befiehlt uns (Mt 11,29), daß wir von ihm lernen sollen; denn er
sei milde und von Herzen demütig, und so würden wir Ruhe finden für
unsere Seelen ... Zum letzten stellt man fest, daß es dem Christen aus fol-
genden Gründen nicht geziemen kann, eine Obrigkeit zu sein. Das Regi-
ment der Obrigkeit ist nach dem Fleisch, das der Christen nach dem Geist.
Ihre Häuser und Wohnungen sind mit dieser Welt verwachsen; die der
Christen sind im Himmel. Ihre Bürgerschaft ist in dieser Welt; die Bürger-
schaft der Christen ist im Himmel. Die Waffen ihres Streites und Kriegs
sind fleischlich und allein wider das Fleisch; die Waffen der Christen aber
sind geistlich wider die Befestigung des Teufels ...
Zum siebten haben wir uns über den Eid folgendermaßen geeinigt: Der
Eid ist eine Bekräftigung unter denen, die zanken oder Versprechungen
machen, und es ist im Gesetz befohlen, daß er im Namen Gottes allein
wahrhaftig und nicht falsch geleistet werden soll. Christus, der die Erfül-
lung des Gesetzes lehrt, verbietet den Seinen alles Schwören ...

Diese Thesen ließen die Inquisition gegen Michael Sattler einschrei-
ten. Unmittelbar nach dem Schleitheimer Treffen wurde er als Ketzer vor Gericht gestellt und in Rottenburg am Neckar am 21.5.1527
hingerichtet. Ein anderer Zürcher Täufer, Wilhelm Reublin (1480–
1559), kam 1525 als Verbannter nach Waldshut und gewann hier
den Pfarrer Balthasar Hubmaier (1485–1528) und mit ihm nahezu
die ganze der Reformation Zwinglis ergebene Stadt für das Täufertum. Mit *Balthasar Hubmaier*, der zuvor katholischer Theologie-
Professor in Regensburg gewesen war, gewann die süddeutsche Täuferbewegung einen ihrer wichtigsten Theoretiker. Als Zwingli am
27.5.1525 wider die Täufer seine Schrift »Von der Taufe, von der
Wiedertaufe und von der Kindertaufe« erscheinen läßt, ist es vor allen Dingen Balthasar Hubmaier in Waldshut, der die Täufer verteidigt. Mit seiner Schrift »Von der christlichen Taufe der Gläubigen«

vom 11.7.1525 bemüht er sich, Punkt um Punkt Zwingli zu widerlegen. So sehr Hubmaier dabei an den Zürcher Täuferkreis um Grebel anknüpft, so sehr unterscheidet er sich in der Frage der Funktion der Predigt für die Gnadenvermittlung von diesem und auch von Zwingli. Hier steht er merkwürdigerweise Luther näher, weil er den die Rechtfertigung empfangenden und so die innere Taufe bewirkenden Glauben aus der Predigt von Gesetz und Evangelium entspringen läßt. Führt die Gesetzespredigt in die Buße, so die des Evangeliums zum rechtfertigenden Glauben. Nur die äußere Taufe, d.h. die Wassertaufe, vermag Hubmaier nicht unter die Kategorie des verheißenen Wortes zu stellen, sondern versteht sie spiritualistisch wie die Zürcher Täufer als Bekenntniszeichen, mit dem der Glaubende sich in die Gemeinde der Wiedergeborenen eingliedert und zu erkennen gibt, daß er in Zukunft ein seiner Wiedergeburt entsprechendes neues Leben führen will. Da dieses Zeugnis als Ausdruck der inneren Taufe den Kindern unmöglich ist, folgt, »daß der Kindertauff ein Gaugkelwerck ist, von den Menschen erdicht unnd eyngefueret«. Da Hubmaier in Waldshut zugleich mit der oberdeutschen Bauernbewegung sich eingelassen hatte, mußte er 1525 die Stadt Waldshut verlassen. Er flieht nach Zürich, hier wird er verhaftet und kann sich nur durch ein Abschwören der Wiedertaufe der Haft entziehen. Danach wirbt er weiterhin außerhalb Zürichs für die Erwachsenentaufe. Im Juli 1526 finden wir ihn in Nikolsburg in Mähren. Hier wird er zum Mittelpunkt der Täufer und verfaßt weitere Täuferschriften. Wie schon in der Lehre von der Predigt, so geht er auch in der Auffassung von der Obrigkeit eigene Wege. In seiner Schrift »Vom Schwert« gesteht er den Christen zu, das Schwert im Auftrag der Obrigkeit zu führen. Doch bewahrt ihn das nicht vor weiterer Verfolgung. Wegen seiner Verbindung zu den oberdeutschen Bauern wird ihm der Prozeß gemacht. Am 10.3.1528 findet er in Wien den Tod auf dem Scheiterhaufen. Vergeblich suchte er in seiner »Rechenschaft des Glaubens« seine Position zu rechtfertigen.

Nach Wittenberg dringt die neue Taufbewegung und ihre Tauftheologie erst allmählich durch. Luther erfährt von ihr durch Briefe aus Straßburg und hält sie zunächst noch für eine Spielart der Theologie Zwinglis. Doch als ihn 1527 die Anfrage von zwei unbekannten Pfarrern erreicht, wie sie sich zu den Wiedertäufern verhalten sollten, schreibt er im Januar 1528 die Schrift »Von der Wiedertaufe an zwei Pfarrherrn« (WA 26,144–174), in der er die Kenntnis von Hubmaier-Schriften verrät und in der er Punkt für Punkt die täuferische Taufanschauung kritisiert. Mit drei Argumenten tritt Luther der neuen Tauflehre entgegen, wobei er das dritte – die Verteidigung der Kindertaufe – am ausführlichsten behandelt. Das erste Argument bestreitet den Täufern, daß sie aus einem rein antipapistischen und antiklerikalen Affront heraus die Kindertaufe bestreiten dürfen. Das zweite Argument richtet sich gegen die These, daß die Kinder nur vom Hörensagen von ihrer eigenen Taufe wissen. Das dritte Argument gründet schließlich die Kindertaufe in Gottes Wort und Gebot und hebt vor allem darauf ab, daß man in göttlichen Dingen mit Gewißheit argumentieren müsse. Gewisses über die Kindertaufe aber könne man nur sagen, wenn man sie auf das Wort Gottes und nicht auf den Glauben des Empfängers grundet, der jederzeit neuer Ungewißheit und neuem Unglauben ausgeliefert sein könne. Luther trennt die Taufe nicht vom Wort Gottes, in diesem hat sie ihre Objektivität und ihre Gewißheit, nicht im Glauben, der die Taufe empfängt, wenn auch Luther feststellt, daß es allein der Glaube ist, der die Taufe recht in Brauch nimmt.

Durch kaiserliches Mandat vom 4.1.1528 und durch Reichstagsabschiede von Speyer 1529 und Augsburg 1530 stehen die Täufer unter Ketzerrecht. In der Ketzerei sah man Seelenmord und deshalb rückte man sie je nach Intensität unter die Todesstrafe. Selbst Melanchthon und schließlich auch Luther bejahten dieses Vorgehen gegen die Täufer für den Fall, daß sie ihre Taufanschauung und im Zusammenhang mit ihr die Ablehnung des Zehnten, des Eides und anderer obrigkeitlicher Pflichten auf dem Boden einer radikalen Auslegung der Bergpredigt trotz mehrfacher Ermahnung öffentlich vertraten. Als es in Gotha zu ersten Verbrennungen von Täufern auf protestantischen Boden kommt, ist man entsetzt und fortan bemüht, die Täufer auszuweisen und nicht mehr dem Feuertod zu überliefern. Namentlich Philipp von Hessen vertritt eine liberale Täuferpolitik, der sich Kursachsen *nolens volens* anschloß. Entsprechend dieser Reichsgesetzgebung führen die Täufer ein ständig der Verfolgung ausgesetztes Leben. In Augsburg tauft der ehemalige Zürcher Täufer Hans Denk Hans Hut, einen ehemaligen Anhänger Müntzers, der seine Taufanschauung namentlich in Mitteldeutschland verbreitet und für den die Geisttaufe ein mystisches Erleben ist, das die Gläubigen in die Bundesgemeinde der Endzeit eingliedert. Denk arbeitet in Worms auch zeitweilig mit Ludwig Hätzer zusammen, doch müssen beide die Stadt verlassen. Denk finden wir schließlich in Basel, wo er 1527 im Hause eines befreundeten Humanisten stirbt.

Eine besondere Ausprägung findet die Täuferbewegung bei den Mährischen Brüdern. Hier geht es namentlich um die sog. Hutterer, die ihren Namen nach *Jakob Hutter* (gest. 1536) erhalten. Dieser war in Tirol geboren und dort durch den Zürcher Täufer Blaurock für die Täuferbewegung gewonnen worden. Nach dessen Tod hatte er die Führung der Täuferbewegung in Tirol übernommen. Doch mußte er 1529 mit seinen Anhängern der Verfolgung weichen und begab sich nach Mähren. Dort stieß er auf Täufer, die nach den Idealen der Urgemeinde strenge Gütergemeinschaft pflegten. In Anlehnung daran schuf Hutter 1533-1535 Brüderhöfe mit einer Konsum- und Produktionsgemeinschaft. Auch Kaspar Breitmichel (gest. 1573), ein bedeutender Chronist der Täuferbewegung, ist den Hutterern zuzurechnen. Eine besondere Ausprägung erhalten die Täufer in den Niederlanden und in Norddeutschland durch *Melchior Hoffmann* bis 1543. Der in Schwäbisch-Hall geborene Kürschner Melchior Hoffmann war zunächst ein Anhänger Luthers und predigte als solcher 1523 im Baltikum, in Schweden und in Norddeutschland. Doch geriet er mit seiner den Geist der Hl. Schrift vorordnenden Exegese, mit apokalyptischen Visionen und einer spiritualistischen Tauf- und Abendmahlslehre in Konflikt mit dem lutherischen Protestantismus. 1529 weilte er in Straßburg, lernte dort die Täufer kennen und schloß sich ihnen an. Wie diese betont er nun die Glaubenstaufe und die persönliche Heiligung des Lebens sowie die Gewaltlosigkeit. Doch verbindet er mit der täuferischen Ekklesiologie eine ausschweifende Apokalyptik.

> Die neue Gemeinde ist ihm das Siegel des endzeitlichen Bundes Gottes mit den Auserwählten. Die Bibel ist ihm eine geheime Offenbarung, die nur der zuvor mit dem Geist Begabte versteht. Christologisch lehrt er monophysitisch, d.h. Christus hat sein Fleisch nicht von Maria, sondern in Maria: das heißt, die menschliche bzw. fleischliche Natur Christi verdankt sich einem besonderen Schöpfungsakt des Hl. Geistes in Maria.

Hoffmann selbst glaubte, als Geistbegabter den Schlüssel zur Hl. Schrift zu haben und die Zeichen der Endzeit zu verstehen. Er hielt sich für einen in Offb 11,3 angekündigten endzeitlichen Zeugen und kündigte mehrfach das Ende der Welt an. Wiederholt wurde er aus Straßburg ausgewiesen, wirkte in Ostfriesland und Holland. Dort gelang es ihm, das Täufertum als neue Bundesgemeinde zu verbreiten. Doch wurde seine Bewegung bald verfolgt, sein Stellvertreter Volkertszoon und mit ihm acht Anhänger wurden am 5. 12. 1531 in Den Haag enthauptet. Hoffmann selbst floh nach Straßburg und gab die Devise aus, zwei Jahre lang in Holland nicht zu taufen und sich auf Predigt und Paränese der Gemeinde zu beschränken, bis der Herr die Stunde bestimme. Aber sein Täufling Jan Matthijs aus Haarlem hielt sich nicht an diesen Rat, sondern sandte schon 1530 12 Apostel zur weiteren Ausbreitung der Täuferbewegung aus. Unter ihnen waren Bartel Boeckbinder und Willem Cuper. Sie tauften in Friesland u. a. Obbe Philips, den sie zum Ältesten einsetzten. Philips taufte gut zwei Jahre später 1536 den ehemaligen katholischen Priester Menno Simons (gest. 1561), der das Haupt der nach ihm benannten Mennoniten werden sollte. Inzwischen war Hoffmann in Straßburg von einem neuen Sendungsbewußtsein erfüllt und verstand sich als neuer Elias, der nach halbjähriger Gefangenschaft bei der Wiederkunft des Herrn eine siegreiche Täuferprozession durch die ganze Welt anführen sollte. Doch eine allgemeine Straßburger Synode nahm sich seiner unter Beteiligung M. Bucers an und verurteilte ihn als Ketzer. Hoffmann wurde unter schmachvollen Umständen bis zu seinem Tod 10 Jahre lang in Straßburg gefangengehalten. Währenddessen reifte seine apokalyptische Täufertheologie in Holland weiter und verband sich schließlich mit gewalttätigen Akten im Täuferreich zu Münster 1535.

In Münster hatte die Reformation zunächst lutherischen Charakter. Der um 1495 in Stadtlohn geborene Kaplan *Bernhard Rothmann* predigte hier seit 1529 im lutherischen Sinn. Im Jahre 1531 besuchte Rothmann zunächst Wittenberg und dann Straßburg. In Straßburg öffnete er sich der Täufertheologie und dem Zwinglianismus. Nach seiner Rückkehr aus Straßburg setzte er in Münster die Reformation durch. Seine Kirchenordnung und Abendmahlslehre waren von Zwingli beeinflußt. Da er wie Zwingli die Realpräsenz in den Elementen Brot und Wein ablehnte, erhielt er im Volksmund bald den Beinamen »Stutenbernd«. Seit 1533 lehnte Rothmann auch die Kindertaufe ab, was zum Einströmen radikalerer Melchioriten in Westfalen und speziell in Münster führte. Am 5.1.1534 trafen dort die Niederländer Bartel Boeckbinder und Willem Cuper ein und vollzogen an Bernd Rothmann und anderen Predigern die Wiedertaufe. Da Rothmann nun selbst Wiedertaufen vollzog, stieß er auf den Widerstand des Stadtrates und des Bischofs. Doch gelang es am 23.2.1534 den Wiedertäufern, den Stadtrat zu majorisieren und nun die Reformation in Münster täuferisch zu gestalten und den Bischof zu vertreiben. An der Spitze der neuen Bewegung stand nun der Haarlemer Bäcker Jan Matthijs. Er hatte die Absicht, alle Gegner des Täufertums umbringen zu lassen. Aber dazu kam es nicht, doch setzte der Münsteraner Tuchhändler Knipperdolling die Ausweisung der Gegner der Täufer durch. Währenddessen organisierte der ausgewiesene Bischof Franz von Waldeck den Widerstand der Altgläubigen und ließ die Stadt militärisch einkreisen. Bei einem Ausfall der Täufertruppen aus der Stadt kam Jan Matthijs um. Der Schneider Jan van Leiden wurde sein Nachfolger. Er löste den täuferischen Rat der Stadt auf und besetzte ihn mit 12 Ältesten, um nach dem Vorbild Israels das Gottesvolk in Münster zu regieren. Dazu wurde die gesamte Bevölkerung der Stadt mobilisiert, um gegen den Bischof und seine Truppen zu kämpfen. Das Eigentumsrecht wurde weithin aufgehoben. Am 31.5.1535 ließ sich Jan van Leiden zum König von Münster krönen. Bernd Rothmann wurde als Hofprediger in den Dienst des neuen Königs übernommen. Inzwischen suchte man die Täufer in den Niederlanden zu mobilisieren, um gegen den katholischen Bischof Unterstützung zu erhalten.

Da inzwischen viele altgläubige Männer die Stadt Münster verlassen hatten und ihre zurückgelassenen Familien versorgt werden mußten, verfügten die Täufer eine Art Polygamie, indem sie alle Frauen ohne Männer zur Heirat zwangen. Mit äußerstem Widerstand und trotz Hungersnot organisierten die Täufer die Verteidigung der Stadt und hätten fast deren Eroberung durch die Truppen des Bischofs am 25.6.1535 verhindern können. Die bischöflichen Truppen nahmen nach der Eroberung der Stadt grausame Rache. Jan van Leiden, Knipperdolling und Bernhard Krechting, ein weiterer Täuferführer aus Münster, wurden sieben Monate lang heimlich verhört. Der Täuferkönig selbst wurde als abschreckendes Beispiel im Lande zur Schau gestellt. Schließlich wurden sie am 22.1.1536 zu Tode gemartet und ihre Leichen in Eisenkäfigen am Turm der Lambertikirche aufgehängt. Damit ging die Schreckensherrschaft der Münsteraner Täufer zu Ende. Sie stellen eine besondere Ausprägung des Täufertums dar. Mit ihrer Absicht, das Reich Gottes gewaltsam mit Waffengewalt aufzurichten und es nach ihren eigenen apokalyptischen Vorstellungen zu gestalten, knüpften sie zum Teil an Thomas Müntzer an und vertraten im übrigen Ideen Melchior Hoffmanns, der jedoch für seine eigene Person Gewaltherrschaft abgelehnt hatte. Die Münsteraner Exzesse schadeten in der Folgezeit auch jenen Täufern, die gewaltlos ein christliches Leben nach dem Vorbild der Urgemeinde führen wollten.

Namentlich in den Niederlanden gelang es, Menno Simons und den *Gebrüdern Philips* dieses Täufertum der sog. »Stillen im Lande« zu sammeln. Die Gebrüder Philips waren Söhne eines katholischen Priesters. 1533 waren sie in Leeuwarden in Friesland durch Abgesandte des Jan Matthijs getauft worden. Trotzdem schlossen sie sich dem gewaltsamen Münsteraner Täufertum nicht an. Obbe Philips (gest. 1558) war selbst durch Handauflegen zum täuferischen Prediger bestellt worden. Er ordinierte wiederum seinen Bruder Dirk Philips (gest. 1568) zum Ältesten in der niederländischen Täuferbruderschaft. Auch Menno Simons wurde durch ihn 1537 in Groningen zum Täufer-Ältesten bestimmt. Die Münsteraner Exzesse führten dazu, daß sich Obbe Philips von den Täufern zurückzog und einen eher individualistischen Spiritualismus vertrat. Sein Bruder Dirk dagegen favorisierte ein an der urchristlichen Gemeinde orientiertes Täufertum, das auf die Gemeinschaft wahrer Bekehrter und ihre sittliche Heiligung abzielte. In seinem »Enchiridion oder Handbüchlein christlicher Lehre« formulierte er die Prinzipien eines friedlichen Täufertums. Breitenwirkung erreichte dieses Täufertum aber erst unter Menno Simons (1496–1561), der zwar an der Erwachsenentaufe festhielt, aber das Täufertum wieder mehr in die Nähe der Großkirchen brachte. Seine Schrift »Das Fundament der christlichen Lehre« (1539) handelt von der Buße, vom Glauben, von der Taufe, vom Abendmahl, vom Verhältnis der Täufer zu den Gottlosen und schließlich von Lehre und Leben ihrer Prediger. Für Menno Simons übernimmt der Glaubende in der Erwachsenentaufe bewußt die ethischen Konsequenzen der sog. Geisttaufe, so daß für ihn die

Reihenfolge Glaube – Taufe feststeht. Schon im 16. Jh. verbreitete sich der Name Mennoniten für die friedlichen Taufgesinnten nach Menno Simons und wurde in gewisser Hinsicht zu einem Schutznamen für die Taufgesinnten in den Niederlanden und Deutschland und entnahm sie der direkten, durch Reichsgesetz verfügten Verfolgung. Dennoch blieben die Mennoniten eine von der Großkirche gesonderte Gruppe. Ihre Absonderung führte im 18. Jh. schließlich zu einer starken Auswanderungsbewegung nach Amerika, wo die Mennoniten noch heute eine wirksame und bedeutende christliche Denomination darstellen.

Von den Taufgesinnten muß man die sog. Spiritualisten unterscheiden, die auf ein individualistisches Geistverständnis zielen und wegen der Unmittelbarkeit des Geistes jede Vermittlung durch äußere Mittel, d. h. durch Wort und Sakramente, ablehnen. Von neuplatonischen Denkvoraussetzungen aus setzen die Spiritualisten einen Dualismus von Geist und Leib, Buchstabe und Geist sowie Geist-Christentum und äußerer sichtbarer Kirche. Die bedeutendsten Vertreter des Spiritualismus, neben den spiritualistisch beeinflußten Täufern Denk und Hätzer, waren im 16. Jh. Kaspar von Schwenckfeld (1489–1561) und Sebastian Franck (1499–1542).

Der schlesische Adelige *Kaspar von Schwenckfeld* war zunächst ein Anhänger Luthers und trug zur Ausbreitung der Reformation in Schlesien bei, wo er Hofrat Friedrich II. von Liegnitz war. Auch er forderte das einfache Leben der apostolischen Urgemeinde und legte besonderen Wert auf die sittlichen Früchte des Glaubens. Als er schließlich eine spiritualistische Auffassung des Abendmahls vertrat, rückte man ihn in die Nähe der Täufer und wies ihn 1529 aus Schlesien aus. 1533 finden wir ihn in Straßburg, wo ihn jedoch die Reformatoren Bucer und Capito wegen seiner eigentümlichen monophysitischen Christologie verdrängten. Schwenckfeld lehrte, daß Christus sein Fleisch nicht aus, sondern in Maria habe. Seine menschliche Natur gehe aus einem besonderen Schöpfungsakt Gottes in Maria hervor. Bucer vertrieb Schwenckfeld schließlich nach Augsburg. 1535 finden wir ihn in Ulm. Durch zahlreiche Schriften schuf er sich eine überregionale Anhängerschaft, die sich bewußt von der sichtbaren »kreatürlichen« Kirche absonderte. Die wahre Kirche lebt nach Schwenckfeld in der Zerstreuung, und nur Gott kennt ihre Mitglieder. In der Heiligung gilt es, die sündige Kreatürlichkeit des Menschen zu überwinden und zu vergöttlichen, wie einst Christus seine menschliche Natur vergöttlicht hat. Unmittelbar im Geist haben die Gläubigen teil an dem verklärten Fleisch Jesu Christi. Gott handelt nur in dieser Unmittelbarkeit des Geistes an den Christen, nicht durch äußeres Wort, Schrift und Sakrament. Auf dem protestantischen Theologenkonvent 1540 in Schmalkalden wurden Schwenckfeld und seine Anhänger als Sakramentierer und Täufer verurteilt und führten in der Folgezeit das Dasein einer sektenhaften Randgruppe.

Sebastian Franck aus Donauwörth war ursprünglich Priester, ging zur Reformation über und wirkte 1526–1528 in evangelischen Gemeinden im Raum Nürnberg. Dann gab er sein geistliches Amt auf und wirkte als freier Schriftsteller in Nürnberg und Straßburg. Von hier ausgewiesen, betrieb er zeitweilig eine Seifensiederei in Eßlingen und eine Druckerei in Ulm. Auch ihn verurteilte der protestantische Theologenkonvent in Schmalkalden 1540 wegen Absonderung von der Kirche und Verachtung des Predigtamtes. 1541 starb Franck in Basel. Nach seiner Meinung ist die äußerliche Kirche gleich nach der Zeit der Apostel zerstört und verwüstet worden. Gott handelt seitdem nicht mehr durch die äußere Institution der Kirche, sondern unmittelbar geistig durch die unter den Heiden zerstreute Kirche. Die äußeren Mittel der Kirche habe Gott ohnehin nur vorübergehend mit pädagogischer Absicht eingesetzt. In den inzwischen erwachsenen Christen handle Gott aber unmittelbar durch den Geist, durch Glaube, Buße und Selbstverleugnung. Selbst in Heiden und Türken handelt Christus unmittelbar. Die äußere historische Gestalt Christi ist für die Kirche unbedeutend. Christus ist in Wahrheit das innere Wort, das des äußeren Wortes nicht bedarf, auch nicht des papierenen Papstes, d. h. der Hl. Schrift. Die Reformatoren haben nach Francks Ansicht das Prinzip der Innerlichkeit und Freiheit des Glaubens verraten. Gegen diesen Spiritualismus schärften die Reformatoren erneut das äußere Wort der Predigt und der Hl. Schrift als Mittel des Hl. Geistes ein, in denen sie die wahren Kriterien zur Unterscheidung der Geister und die Basis wider einen schwärmerischen Enthusiasmus sahen. So mußte sich die Reformation gegen einen allein auf die Innerlichkeit setzenden Geist und Kirchenbegriff wehren und sich für die Predigt und die Sakramente als Orte der Selbstvergegenwärtigung Jesu Christi in der Geschichte der Kirche einsetzen.

Anhang

1. Nachweise der Quellen und Übersetzungen

Abkürzungen erfolgen nach S. Schwertner, Internationales Abkürzungsverzeichnis für Theologie und Grenzgebiete, 1974 (IATG)

Seite 19– 20 Thomas von Kempen, Das Buch von der Nachfolge Christi. Buch I, Kap. 1 (Reclam 7663), Stuttgart 1989, S. 9 f.

Seite 23 H. Holborn, Des. Erasmus Roterodamus: Ausgewählte Werke. München 1933, S. 146, 23–28, 143, 3–16 u. 148, 5–12.

Seite 34– 35 WA 1, 557, 33 – 558, 15.

Seite 40– 41 WA 56, 171, 27 – 172, 11.

Seite 42– 43 WA 56, 272, 3–20.

Seite 43– 44 WA TR 3, 228, 24–32, Nr. 3232c (1532).

Seite 44– 45 WA 54, 185, 12 – 186, 20.

Seite 54– 55 WA 1, 354, 17–28.

Seite 66 WA 7, 838, 2–9.

Seite 67 DRTA. JR 2, 653, 15 – 654, 6.

Seite 70 WA 6, 406, 21–29.

Seite 72– 73 WA 2, 742, 4–14.

Seite 74– 75 WA 6, 511, 18 – 512, 4.

Seite 77 WA 7, 20, 25 – 21, 4.

Seite 77– 78 WA 7, 22, 3–14.

Seite 78 WA 7, 25, 26 – 26,2.

Seite 79 WA 7, 38, 6–13.

Seite 95– 96 ZI, 458, 11 – 465, 21.

Seite 117–119 Flugschriften der Bauernkriegszeit, bearb. von Ch. Laufer u. a. 1975, S. 26–31.

Seite 126 Erasmus von Rotterdam, Ausgewählte Schriften, hg. von W. Welzig, Bd. 4, 10, 5–23 *(dt. 11, 5–27),* Darmstadt 1969.

Seite 127–128 WA 18, 606, 11–36.

Seite 138–139 WA 26, 319, 29–40. 321, 19–26 u. 333, 2–10.

Seite 140–141 WA 30 III, 169, 22 – 170, 35.

Seite 142–143 B. Jenny, Das Schleitheimer Täuferbekenntnis 1527. SBVG 28 (1951) 9–18.

2. Literatur in Auswahl

Quellen

Acta reformationis catholicae ecclesiam Germaniae concernantia saeculi XVI, hg. v. G. Pfeilschifter, 1959 ff. – *Bekenntnisschriften der ev.-lutherischen Kirche*, 5. Aufl. 1968. – *Die Bekenntnisschriften der reformierten Kirche*, hg. von E. F. K. Müller 1903. – *Brenz, J.*, Werke. Frühschriften, 1–2, hg. v. M. Brecht u. a., 1970–1974. – *Bucer, M.*, Deutsche Schriften. 18 Bde., hg. von R. Stupperich, 1969 ff. – *Ders.*, Opera latina, bisher 5 Bde. hg. von F. Wendel, 1954 ff. – *Bullinger, H.*, Werke hg. von F. Büsser, 1972 ff. – *J. Calvin*, CR 29–88. – *Ders.*, Opera selecta, 5 Bde. hg. v. P. Barth, W. Niesel u. a., 1926–1952. – *Ders.*, Studienausgabe, 2 Teilbde. 1994 ff. – *Concilium Tridentinum*, 13 Bde. 1901 ff. – *Corpus Catholicorum*, 29 Bde. hg. v. J. Greving, 1919 ff. – *Corpus Juris Canonici*, 2 Bde. hg. v. E. Friedberg, 1879/91. – *Corpus Reformatorum (CR)* 101 Bde., 1834 ff. – *H. Denzinger/A. Schönmetzer*, Enchiridion symbolorum, definitionum et declarationum de rebus fidei et morum, 33. Aufl. 1965. – *Deutsche Reichstagsakten*, 1893 ff. – Briefe und Akten zur Geschichte des *Dreißigjährigen Krieges*, 11 Bde. 1870–1908, Neue Folge 4 Bde. 1907 ff. – *Erasmus von Rotterdam*, Ausgewählte Werke, hg. von H. Holborn, 1933 ff. – *Ders.* Ausgewählte Schriften. Lat./dt. 8 Bde. hg. von W. Welzig , 1990 ff.- *Flugschriften aus der Reformationszeit*, 19 Bde., 1877 ff. – *Flugschriften des frühen 16. Jhs.*, hg. von H.-J. Köhler, 1978 ff. – *M. Luther*, Werke. Kritische Ausgabe, Weimar 1883 ff. – Archiv zur Weimarer Lutherausgabe, hg. v. G. Ebeling u. a. 1991 ff. – *Luther Deutsch*, 10 Bde. hg. v. K. Aland, 1969 ff. – *Ders.*, Ausgewählte Werke, 6 Bde. hg. v. H. H. Borcherdt u. a., 1938 ff. – *Ders.*, Studienausgabe, 5 Bde. hg. v. U. Delius, 1980 ff. – *Ders.*, Werke in Auswahl, 8 Bde. hg. v. O. Clemen 6. Aufl. 1966 ff. – *Ph. Melanchthon*, CR 1–28. – *Ders.*, Studienausgabe, hg. R. Stupperich 1951 ff. – *Ders.*, Briefwechsel (Regesten u. Texte), hg. v. H. Scheible 1975 ff. – *J. Neuner/H. Roos (Hg.)*, Der Glaube der Kirche in den Urkunden der Lehrverkündigung. 10. Aufl. 1979. – *Nuntiaturberichte aus Deutschland*, 1892 ff. – *W. Niesel (Hg.)*, Bekenntnisschriften und Kirchenordnungen der nach Gottes Wort reformierten Kirche, 3. Aufl. 1938 – *H. A. Oberman*, Die Kirche im Zeitalter der Reformation. Kirchen- und Theologiegeschichte in Quellen Bd. 3, 1981. – *A. Osiander*, Gesamtausgabe, 9 Bde. hg. von G. Müller 1975 ff. – *Politische Korrespondenz der Stadt Straßburg im Zeitalter der Reformation*, 5 Bde. 1882–1993. – *Quellen zur Geschichte der Täufer*, 1964 ff. – *Schwäbische Bundestage 1527-28*, 1935 ff. – *E. Sehling*, Die ev. Kirchenordnungen des 16. Jh., 5 Bde. 1902 ff., Bd. 6 ff. 1955 ff. – *H. Zwingli*, CR 88–101. – *Ders.*, Sämtliche Werke, hg. v. Zwingli-Verein Zürich, 1982 ff.

Allgemeine Literatur

W. Andreas, Deutschland vor der Reformation, 6. Aufl. 1959. – *C. Andresen (Hg.)*, Handbuch der Dogmen- und Theologiegeschichte, 2: Die Lehrentwicklung im Rahmen der Konfessionalität, 1980. – *R. Bäumer*, Nachwirkungen des konziliaren Gedankens in der Theologie und Kanonistik des frühen 16. Jahrhunderts, 1971. – *P. Blickle*, Die Reformation im Reich, 2. Aufl. 1992. – *Ders.*, Gemeindereformation. Die Menschen des 16. Jahrhunderts auf dem Weg zum Heil, 1987. – *H. Bornkamm*, Das Jahrhundert der Reformation, 2. Aufl. 1966. – *G. R. Elton*, Europa im Zeitalter der Reformation, 1–2, 1971. – *B. Gebhardt/H. Grundmann (Hg.)*, Handbuch der deutschen Geschichte, 2, 9. Aufl. 1970. – *E. Hassinger*, Das Werden des neuzeitlichen Europa. 1300–1600, 2. Aufl. 1960. – *K. Holl*, Die Kulturbedeutung der Reformation, in: *Ders.*, Ges. Aufsätze zur Kirchengeschichte, 1: Luther, 6. Aufl. 1966. – *H. Jedin* (Hg.), Handbuch der Kirchengeschichte, 4: Reformation, Katholische Reform und Gegenreformation, 1967. – *W. Klaiber*, Katholische Kontroverstheologen und Reformer des 16. Jahrhunderts. Ein Werkverzeichnis, 1978. – *R. Kottje/B. Moeller*, Ökumenische Kirchengeschichte, 2: Mittelalter und Reformation, 2. Aufl. 1978. – *F. Lau/E. Bizer*, Reformationsgeschichte Deutschlands, (KIG 3), 1964. – *J. Lortz*, Zur Problematik der kirchlichen Mißstände im Spätmittelalter, in: TThZ 58, 1949, 1–26. 212–227. 257–279. 347–357. – *Ders.*, Die Reformation in Deutschland, 1–2, (1939/40) 4. Aufl. 1962. – *J. Lutz*, Reformation und Gegenreformation. Grundriß der Geschichte, 10, 3. Aufl. 1991. – *B. Moeller*, Probleme des kirchlichen Lebens in Deutschland vor der Reformation, in: R. Kottje/J. Staber (Hg.), Probleme der Kirchenspaltung im 16. Jahrhundert, 1970, 11–32. – *Ders.*, Deutschland im Zeitalter der Reformation, 1977. – *B. Moeller/E. Buckwalter (Hg.)*, Die frühe Reformation in Deutschland als Umbruch, 1998. – *H. A. Oberman*, Spätscholastik und Reformation, 1, 1965. – *Ders.*, Werden und Wertung der Reformation, 1977. – *W. E. Peuckert*, Die große Wende, 1948. – *G. Ritter*, Die Neugestaltung Europas im 16. Jahrhundert, 2. Aufl. 1951. – *Th. Schieder (Hg.)*, Handbuch der Europäischen Geschichte, 3, 1971. – *K. D. Schmidt*, Die katholische Reform und die Gegenreformation, (KIG 3), 1975. – *R. Stupperich*, Die Reformation in Deutschland, 3. Aufl. 1988. – *R. Wohlfeil (Hg.)*, Reformation oder frühbürgerliche Revolution?, 1972.

Reich, Kirche und Theologie zu Beginn des 16. Jahrhunderts

J. Bernhart, Die philosophische Mystik des Mittelalters, 1922. – *W. Ernst*, Gott und Mensch am Vorabend der Reformation: Eine Untersuchung zu Moralphilosophie und –theologie bei G. Biel, 1972. – *E. Filthaut (Hg.)*, Johannes Tauler, ein deutscher Mystiker, 1961. – *B. Hamm*, Promissio, pactum, ordinatio. Freiheit und Selbstbindung Gottes in der scholastischen Gnadenlehre,

1977. – *Ders.*, Frömmigkeitstheologie am Anfang des 16. Jahrhunderts. Studien zu J. von Paltz und seinem Umkreis, 1982. – *J. Huizinga*, Erasmus and the Age of Reformation, with a selection from the letters of Erasmus, 2. Aufl. 1957. – *Ders.*, Erasmus, 1924, Neudr. 1958. – *E. Iserloh*, Gnade und Eucharistie in der philosophischen Theologie des Wilhelm von Ockham, 1956. – *H. Junghans*, Ockham im Lichte der neueren Forschung, 1968. – *W. Kölmel*, Wilhelm Ockham und seine kirchenpolitischen Schriften, 1962. – *B. Moeller*, Die deutschen Humanisten und die Anfänge der Reformation, ZKG 70 (1959), 46–61. – *Ders.*, Frömmigkeit in Deutschland um 1500, in: ARG 56 (1965), 5–31. – *R. R. Post*, The Modern Devotion, 1968. – *G. Ritter*, Marsilius von Inghen und die ockhamistische Schule in Deutschland, 1921. – *Ders.*, Romantische und revolutionäre Elemente in der deutschen Theologie am Vorabend der Reformation, in: Deutsche Vierteljahrsschrift für Literaturwissenschaft und Geistesgeschichte 5 (1923), 342–380. – *M. Schulze*, Fürsten und Reformation. Geistliche Reformpolitik weltlicher Fürsten vor der Reformation, 1991. – *R. Schwarz*, Die Vorgeschichte der reformatorischen Bußtheologie, 1968. – *M. Spinka*, John Hus, 1968.

Luther und die Anfänge der Reformation

R. Bäumer, Martin Luther und der Papst, 1971. – *K. Bauer*, Die Wittenberger Universitätstheologie und die Anfänge der deutschen Reformation, 1928. – *O. Bayer*, Promissio, 1971. – *E. Bizer*, Fides ex auditu, (1958) 3. Aufl. 1966. – *H. Bornkamm*, Zur Frage der iustitia Dei beim jungen Luther, 2 Teile, ARG 52 (1961), 16–29; 53 (1962), 1–60. – *Ders.*, M. Luther in der Mitte seines Lebens, 1979. – *W. Borth*, Die Luthersache (Causa Lutheri) 1517–1524, 1970. – *M. Brecht*, M. Luther 1–3, 1981–87. – *G. Ebeling*, Luther – Einführung in sein Denken, 1964. – *Ders.*, Lutherstudien, 1–3, 1971–1985. – *Ders.*, Art.: Luther, Martin II Theologie 3. Aufl. RGG IV, 495–520 (Lit.) – *L. Grane*, Contra Gabrielem. Luthers Auseinandersetzung mit G. Biel in der Disputatio Contra Scholasticam Theologiam 1517, 1962. – *Ders.*, Modus loquendi theologicus. Luthers Kampf um die Erneuerung der Theologie (1515–1518), 1975. – *Ders.*, Martinus Noster. Luther in the German Reform Movement 1518–1521, 1994. – *K. Hammann*, Ecclesia spiritualis in Luthers Kirchenverständnis in den Kontroversen mit Augustin v. Alveldt und A. Catharinus, 1989. – *S. H. Hendrix*, Ecclesia in via. Ecclesiological developments in the medieval Psalms exegesis and the Dictata super Psalterium (1513–1515) of M. Luther, 1974. – *E. Iserloh*, Die Eucharistielehre des Johannes Eck, 1950. – *Ders.*, Luther zwischen Reform und Reformation. Der Thesenanschlag fand nicht statt, 1968. – *Ders.*, Luther und die Reformation. Beiträge zu einem ökumenischen Lutherverständnis, 1974. – *H. Junghans*, Der junge Luther und der Humanismus, 1985. – *W. Link*, Das Ringen Luthers um die Freiheit der Theologie von der Philosophie, 1955. – *W. von Loewenich*, Luthers Theologia crucis, 6.

Aufl. 1982. – *B. Lohse*, Mönchtum und Reformation, 1963. – *Ders*. *(Hg.)*, Der Durchbruch der reformatorischen Erkenntnis bei Luther (WF 123), 1968. – *Ders. (Hg.)*, Der Durchbruch der reformatorischen Erkenntnis bei Luther – Neuere Untersuchungen, 1988. – *Ders.*, Luthers Theologie in ihrer historischen Entwicklung und in ihrem systematischen Zusammenhang, 1995. – *I. Ludolphy*, Friedrich der Weise, 1984. – *P. Manns (Hg.)*, M. Luther: Reformator und Vater im Glauben, 1985. – *W. Maurer*, Der junge Melanchthon zwischen Humanismus und Reformation, 1–2, 1967–1969. – *K. H. zur Mühlen*, Nos extra nos. Luthers Theologie zwischen Mystik und Scholastik, 1972. – *Ders.*, Reformatorische Vernunftkritik und neuzeitliches Denken, 1972. – *Ders.*, M. Luther Art. II Theologie. TRE 21, 530–567 (Lit.) – *Ders.*, Reformatorisches Profil. Studien zum Weg M. Luthers und der Reformation, 1995. – *H. A. Oberman*, Luther, 1983. – *St. E. Ozment*, Homo Spiritualis. A comparative study of the anthropology of J. Tauler, J. Gerson and M. Luther (1509–16), in the context of their theological thought, 1969. – *O. H. Pesch*, Theologie der Rechtfertigung bei Martin Luther und Thomas v. Aquin, 1967. – *Ders.*, Hinführung zu Luther, 2. Aufl. 1983. – *J. S. Preus*, Carlstadt's Ordinaciones and Luther's Liberty. A Study of the Wittenberg movement 1521–22, 1974. – *H. Rückert*, Vorträge und Aufsätze zur historischen Theologie, 1972. – *O. Scheel*, Martin Luther, 1–2, 1921–30. – *R. Schwarz*, Fides, spes und caritas beim jungen Luther, 1962. – *Ders.*, Luther, 1986. – *D. C. Steinmetz*, Misericordia Dei. The theology of Joh. von Staupitz in its late medieval setting, 1968. – *J. Vercruysse*, Fidelis Populus, 1968.

Die Ausbreitung der Reformation in den deutschen Reichsstädten und in der Schweiz

W. Bender, Zwinglis Reformationsbündnisse, Diss. Zürich 1970. – *Th. Brady*, Ruling Class, Regime, and Reformation at Strasbourg, 1977. – *F. Büsser*, Hudrych Zwingli. Reformation als prophetischer Auftrag, 1973. – *A. G. Dickens*, The German Nation and M. Luther, 1974. – *O. Farner*, Huldrych Zwingli III: Seine Verkündigung und ihre Früchte 1520–1525, 1954. – *U. Gäbler*, Huldrych Zwingli. Eine Einführung in sein Leben und Werk, 1983. – *Chr. Gestrich*, Zwingli als Theologe. Glaube und Geist beim Zürcher Reformator, 1967. – *M. Haas*, Huldrych Zwingli und seine Zeit, 1969. – *W. Jacob*, Politische Führungsschicht und Reformation. Untersuchungen zur Reformation in Zürich 1519–1528, 1970. – *W. Köhler*, Zwingli und Luther 1–2, 1929–1936. – *Ders.*, H. Zwingli, (1943) 1954.- *M. Lienhard/J. Rott*, Die Anfänge der evangelischen Predigt in Straßburg und ihr erstes Manifest, in: Bucer und seine Zeit, 1976, 54–73. – *G. W. Locher*, Huldrych Zwingli in neuer Sicht, 1969. – *Ders.*, Die Zwinglische Reformation im Rahmen der Europäischen Kirchengeschichte, 1979. – *L. von Muralt*, Stadtgemeinde und Reformation in der Schweiz, ZSG 10 (1930), 349–384. – *B. Moeller*, Reichsstadt und Reformation, 1962. – *Ders.*, Stadt und Kirche im 16. Jahrhundert, 1978. – *Ders.*, Die Kirche in den ev. freien Städten Oberdeutschlands im Zeitalter der Reformation, ZGO 112 (1964), 147–264. – *Ders.*, Zwinglis Disputationen. Studien zu den Anfängen der Kirchenbildung und des Synodalwesens im Protestantismus, in: ZSavRG 56 (1970), 275–324; 60 (1974), 213–264.– *St. Ozment*, The Reformation in the Cities, 1975. – *R. Pfister*, Kirchengeschichte der Schweiz II: Von der Reformation bis zum 2. Vellmerger Krieg, 1974. – *R. Postel*, Die Reformation in Hamburg 1527–1528, 1986. – *A. Rich*, Die Anfänge der Theologie Huldrych Zwinglis, 1949. – *O. Scheib*, Die Reformationsdiskussion in der Hansestadt Hamburg 1522–1528, 1976. – *H.- Ch. Rublack*, Die Entstehung der Reformation in Konstanz von den Anfängen bis zum Abschluß 1531, 1971. – *H. R. Schmidt*, Reichsstädte, Reich und Reformation. Korporative Religionspolitik 1521–1529/30, 1994. – *F. Schmidt-Clausing*, Zwingli, 1965.

Klärungsprozesse der Reformation in den zwanziger Jahren des 16. Jahrhunderts

M. Bensing/S. Hoyer, Der deutsche Bauernkrieg 1524–1526, 1970. – *T. Bergsten*, Balthasar Hubmaier. Seine Stellung zu Reformation und Täufertum 1521–1528, 1961. – *F. Blanke*, Brüder in Christo. Die Geschichte der ältesten Täufergemeinde, 1955. – *M. Brecht*, Die frühe Theologie des Johannes Brenz, 1966. – *Ders.*, Der theologische Hintergrund der Zwölf Artikel der Bauernschaft in Schwaben 1525. Christoph Schappelers und Sebastian Lotzers Beitrag zum Bauernkrieg, ZKG 85 (1974), 174–208. – *U. Bubenheimer*, Consonantia Theologiae et Iurisprudentiae. A. Bodenstein von Karlstadt als Theologe und Jurist zwischen Scholastik und Reformation, 1977. – *C. P. Clasen*, Anabaptism. A Social History, 1972. – *W. Elliger*, Thomas Müntzer. Leben und Werk, 1975. – *G. Franz*, Der deutsche Bauernkrieg, 10. Aufl. 1975. – *H. J. Goertz (Hg.)*, Umstrittenes Täufertum, 1975. – *J. F. G. Goeters*, Ludwig Hätzer, Spiritualist und Antitrinitarier. Eine Randfigur der frühen Täuferbewegung, 1957. – *Ders.*, Die Vorgeschichte des Täufertums in Zürich, FS E. Bizer, 1969. – *M. Greschat*, M. Bucer. Ein Reformator und seine Zeit, 1990. – *H. Hilgenfeld*, Mittelalterlich-traditionelle Elemente in Luthers Abendmahlsschriften, 1971. – *H. J. Hillerbrand*, Die politische Ethik des oberdeutschen Täufertums, 1962. – *H. Junghans (Hg.)*, Leben und Werk Martin Luthers von 1526 bis 1546, 1983. – *T. Kaufmann*, Die Abendmahlstheologie der Straßburger Reformatoren bis 1528, 1992. – *K. H. Kirchhoff*, Die Täufer in Münster 1534/35, 1973. – *H. J. McSorly*, Luthers Lehre vom unfreien Willen, 1967. – *Th. Nipperdey*, Reformation, Revolution, Utopie, 1975. – *R. Schwarz*, Die apokalyptische Theologie Thomas Müntzers und die Taboriten, 1977. – *G. H. Williams*, The Radical Reformation, 1962. – *Chr. Windhorst*, Täuferisches Taufverständnis. B. Hubmaiers Lehre zwischen traditioneller und reformatorischer Theologie, 1976.

Personen- und Ortsregister